Harz

Gisela Buddée

GU
GRÄFE
UND
UNZER

Der Kornmarkt in Osterode ist Teil einer sehenswerten Altstadt

INHALT

Karten und Pläne
Harz: Klappe vorne; Goslar: Klappe hinten; Quedlinburg: Umschlag Rückseite;
Wernigerode: S. 53; Rund um Hohegeiß und die »Dicken Tannen«: S. 114;
Durch das Ilsetal: S. 116

Das vier Millionen Jahre alte, nördlichste deutsche Mittelgebirge mit dem 1 142 Meter hohen Brocken erlebt wieder einen grenzenlosen Touristenboom.

Es erscheint in den östlichsten Nebelwänden des Brockens und nur bei untergehender Sonne und ganz gewiß nur hier – das **Brockengespenst**. Wenige haben es gesehen, aber einige wollen es sogar fotografiert haben. Lassen Sie sich das Foto zeigen. Und rechnen Sie damit, daß es – keiner weiß wie – verschwunden ist, so ist es nun mal mit Gespenstern. Aber lassen Sie sich dadurch nicht von einer Reise in den 90 Kilometer langen und fast 40 Kilometer breiten Gebirgszug abschrecken.

Blick auf ein Paradies

Die Schönheiten des nördlichsten deutschen Mittelgebirges sind von zahlreichen Dichtern beschrieben worden. **Heinrich von Kleist** schilderte den Blick des Entzückens auf ein Paradies, wenn auch durch den Schleier zerrissener Wolken. **Goethe** brachte von seinen Harzreisen nicht nur die Idee für den Schauplatz seiner Walpurgisnacht im Faust mit, sondern auch ein »merkwürdig Mineral mit viel Gefahr vom Felsen herab«.

Blick ins Okertal, das sich vom Okerstausee nach Norden zieht

4

Romantischer erlebte **Joseph von Eichendorff** »von der Natur selbst kühn aufgetürmte Felsmassen« und die »heilige Einsamkeit des berühmten Selketals«. **Wilhelm von Kügelgen** gar fühlte sich auf dem Mansfelder Schloß, als »berühre mich eine längst verflossene, aber große Zeit mit geisterhaftem Flügelschlage« und sah vom Brocken »hinab in die kristallenen Eingeweide der Erde«. Die unterirdische Musik eines Zauberschlosses vernahm **Heinrich Heine** im Ilsetal, und ganz praktisch-irdisch fürchtete der Märchendichter **Christian Andersen** mehr die Spitzbuben, die ihm in den dunklen Wäldern auflauern könnten.

Viel unberührte Natur findet sich im Gebiet um den Brocken

Sanfte Täler, tiefe Schluchten

Das alles ist 150 bis 200 Jahre her, stammt aus vortouristischer Zeit und müßte uns gar nicht mehr interessieren, würden nicht gerade heute viele Reisende wieder die Lust an der Langsamkeit entdecken, wie sie vor allem die Wanderer erleben, die den Harz längst wieder grenzenlos erobern. Nur ihnen erschließt sich das Gebirge mit sanften Tälern und tiefen Schluchten, schroffen Klippen, herabstürzenden Bächen, granitenen Türmen, sagenumwobenen Burgen und mittelalterlichen Städten mit allen Überraschungen und seinen schnellen Wechseln von Licht und Schatten, Sonne und Regen und Nebelwänden. Jahrelang war der **Westharz** als Feriengebiet einfach nicht »in«, er galt als Refugium der ersten Sommerfrischler nach dem Krieg, die immer älter wurden und denen ein Spaziergang nach dem Mittagessen und ein Kurkonzert zum Kaffee der Inbegriff von Ruhe und Erholung war. Den Menschen im **West**- oder **Oberharz**, denen der Tourismus nach Ende des Bergbaus die wichtigste Einnahmequelle geworden war, wurde angst und bange. Mit Ferienhochhäusern, die sich als Tourismusfördertürme in den Himmel zwischen die Berge bohrten, boten sie einer neuen, jüngeren und verwöhnteren Zielgruppe den erwünschten Komfort mit Sauna, Kegelbahn, Fernsehgerät und Telefon am Ferienbett und Schwimmbad kurz darunter. Die Rechnung ging auf. Jüngere kamen, deren Kinder es

WILLKOMMEN IM HARZ

in die **Märchenwälder** zog und die selbst an den **Kästeklippen** das Kraxeln übten. Zu den Hütten- und Heimatabenden gesellten sich sportlichere Programme mit Wanderwegen, die länger und anstrengender wurden. Am Harzrand konnte man irgendwann sogar das Drachenfliegen lernen, Loipen und Rodelbahnen wurden beleuchtet und Führungen zu Kunstschätzen des Mittelalters intensiviert – der Harz konnte zum Feriengebiet für alle Ansprüche werden.

In hellen Buchenwäldern

Ganz anders im **Ost-** oder **Unterharz** mit seiner lieblicheren Landschaft und hellen Buchen- und Eichen-Mischwäldern. Er blieb eines der beliebtesten Ferienziele, in dem ein preisgünstiger Aufenthalt in einem der Gewerkschaftsheime oder in Privatpensionen nur mühsam zu ergattern war. Eine Wende wie im Westen der 70er Jahre setzte 20 Jahre später und unter ganz anderen Bedingungen ein. Die Grenze zwischen Ost und West verschwand und mit ihr löste sich der größte Teil des staatlichen Beherbungswesens auf. Die letzten großen Ferienheime, in denen Reisende sich noch 1991 bei fürstlichen Preisen die Vierduschenräume auf dem Flur mit den Zimmernachbarn teilten und robustes Personal Frühstückszeit und -menge genau zuteilte, harren teilweise einer ungewissen Zukunft. Das im schnell geschriebenen Reiseführer gelobte Hotel

wird im nächsten Jahr eröffnet oder nicht. Ein Umbau ist begonnen, ein anderer abgebrochen. Doch die Übernachtungszahlen, die nach der Wiedervereinigung rapide gesunken waren, steigen wieder: 1992 haben sie sich im Vergleich zu 1991 verdreifacht, und der Aufwärtstrend scheint anzuhalten.

Auf dem Schild, das zur Burg Falkenstein führt, warnt unübersehbar eine rote Kritzelschrift »Kostet jetzt fünf Mark!«, und eine junge Frau überredet die alte Mutter zum Kaffee in der Gaststätte als Alternative zum Aufstieg: »Das ist zu anstrengend für dich bei diesem Wetter.« Die beiden Tassen Kaffee kosten längst dasselbe.

Nationalpark Hochharz

Unter Landschaftsschutz steht der Harz schon lange, der Oberharz ist außerdem seit 1960 Naturpark, das 6 000 Hektar große Granitgebiet um den **Brocken** ist 1990 zum **Nationalpark Hochharz** ernannt worden. Das freut optimistische Naturfreunde, strömen doch seit dem Sommer 1992 täglich Tausende, genauer bis zu 25 000 – mit bisher noch unbekannten Folgen –, auf den 1 142 Meter hohen Gipfel, der für zwei Generationen von Menschen aus Ost und West unzugänglich war. In intakten, bis zu fünf Meter hohen Hochmooren mit Krüppelkiefern und einem Totalreservat mit urwaldähnlichem Fichtenbestand findet sich vom Keimling bis zum Totholz eine einzigartige Flora. Die **Fichtenforste**, die heute zwei Drittel des Harzes bewalden, stammen aus jüngerer Zeit. Ursprünglich, bis zum Anfang des 16. Jahrhunderts, bedeckten **Buchenwälder** die Hänge und Täler. Erst über 800 Meter wuchs damals die Fichte. Unmengen von Buchenstämmen fielen dann dem Bergbau zum Opfer. Sie wurden zur Absicherung der Stollen gebraucht, zu Tausenden in den Bergwerken verbrannt, um dort das feste Gestein zu lockern, und noch größere Mengen wurden zu der für die Verhüttung notwendigen Holzkohle verarbeitet. Um 1700 erkannten Forstleute die Fahrlässigkeit des Raubbaus und versuchten eine Wiederaufforstung, allerdings erfolglos. Zu gut schmeckten die jungen Bäumchen den zahlreichen Ziegen, die die Bergleute in der armen Gegend hielten und die im Wald herumstreiften und fraßen. Fichten mochten die Ziegen nicht, und außerdem wuchsen sie schneller und machten den Harz bald zu einem düsteren Gebirge, zumindest im Westen.

Echte Harzer kommen aus dem Erzgebirge

Viele Harzorte wurden von Bergleuten gegründet, und manche sagen, die richtigen Harzer kämen eigentlich aus dem Erzgebirgischen. Manche Siedlung, wie **Altenbrak** und **Treseburg**, entstand an einer Erzhütte, und der Harzbesucher wird überall auf Zeugen einer schweren und manchmal reichen Vergangenheit treffen, auch wenn er sie nicht immer gleich erkennt. Ein Abraumkegel in **Sangerhausen** am Südrand des Harzes erinnert

Marktplatz, Rathaus und Marktkirche St. Benedikt in Quedlinburg

7

noch sichtbar daran, daß hier bis zum Sommer 1990 Kupferschiefer gefördert wurde. Die meisten Halden sind jedoch längst bewachsen, aber an unzähligen Orten finden sich stillgelegte Schachtanlagen oder mittelalterliche Einstiegs- und Luftlöcher. Am Rand der alten Halden bücken sich, vornehmlich nach Regengüssen, immer wieder die Steinsammler auf der Suche nach mineralen Kostbarkeiten mit Millionen Jahre alten Vegetationsspuren, einem Käfer- oder Blattabdruck.

Mönche begründen den Wohlstand

Auch wenn im **Rammelsberg** bei Goslar schon 968 das erste Bergwerk in Betrieb genommen wurde, begann der Bergbau im Harz eigentlich erst im 13. Jahrhundert. Kundige Mönche waren aus Goslar in den Oberharz gezogen, hatten das **Kloster Cella** beim heutigen Zellerfeld gegründet und dort die Schätze abgebaut: Durch den Schiefer aus der Karbonzeit zogen sich Erzgänge mit Blei, Silber, Kupferkies und Zinkblende. Nach 100 Jahren, um 1350 etwa, gab es technische Schwierigkeiten – einige der Geschichtsbücher erzählen, die Pest sei es gewesen –, und sie stellten die Förderung ein. Knapp 200 Jahre später nahmen sie andere wieder auf, die Fürsten. Herzog Heinrich der Jüngere von Braunschweig-Wolfenbüttel ließ rings um das Kloster nach Silber schürfen und gründete 1526 die Stadt Zellerfeld. Sein Nachbar, Herzog von Grubenhagen, hatte nur vier Jahre später **Clausthal** bauen lassen. Beide statteten Experten aus dem Erzgebirge mit neuen Freiheiten aus und genossen ihrerseits den neuen Reichtum.

Kinderarbeit und Harzer Roller

Den Reichtum gab es, wie immer, nur für wenige. Die meisten Harzbewohner lebten, wenn nicht in Armut, so doch in großer Bescheidenheit. Kinderarbeit war üblich, zumal mancher Stollen nur den Knirpsen zugänglich war, die sich damit einen Dauerarbeitsplatz unter Tage erdienten. Während die Männer im Berg waren, und viele dort auch blieben, verdienten die Frauen als »Harzgängerinnen« den Lebensunterhalt mit Lastentragen.

Tiroler Bergleute hatten den Vogel, der als **Harzer Edelroller** bekannt werden sollte, mitgebracht, und die Zucht brachte zeitweise bis zu 200 Bergleuten, vornehmlich in St. Andreasberg, ein gern gesehenes Zubrot. Andere stellten in Heimarbeit Zündhölzer und Zündholzschachteln oder Vogelbauer her. Die knapp bemessene Freizeit wurde mit Basteln und Schnitzen, Musik und Spiel gefüllt.

Erfindungen, die im Bergbau heute noch nicht übertroffen sind, wurden damals im Harz gemacht. Als die Stollen tiefer gegraben werden mußten und mit Leitern nicht mehr erreichbar waren, erfand der Bergmeister

Dörell 1833 die »Fahrkunst«, ein gegeneinander bewegliches Leitersystem für den Ein- und Ausstieg der Bergleute in Schächten. Und als die Erzladungen die Hanfseile zerrissen, entwickelte Julius Albert 1834 das Eisendrahtseil.

Mit dem Grubenlicht in die Vergangenheit

Nach 300 Jahren intensiven Bergbaus waren fast alle Schätze ausgebeutet. Die Zeugen eines Zeitalters, das den Harz geprägt hat wie kein anderes, sind heute als Museen zu besichtigen. Für die Besucher der **Grube Samson** in der **Bergstadt St. Andreasberg** hat der Museumsleiter einen Wanderweg zu den Orten des Bergbaubeginns im 15. Jahrhundert erarbeitet. Aber auch dem, der das **Historische Silberbergwerk und Heimatmuseum** ge-

sehen hat, bietet das älteste Harzer **Bergwerkmuseum** in **Clausthal-Zellerfeld** in einem 250 Meter langen Besucherstollen in einer ehemaligen Schachtanlage noch eine Fülle von Informationen. Der **Roederstollen** im **Rammelsberger Bergbaumuseum**, der **Neunzehn-Lachter-Stollen** in **Wildemann** und die **Schaubergwerke** in **Elbingerode**, **Wettelrode**, **Ilfeld** und **Lautenthal** locken Besucher zu Reisen in die Vergangenheit. Unter Tage, mit Lampen und Grubenbahn, kommt man der finsteren Arbeitswelt einer vergangenen Zeit manchmal sehr nah.

Teiche von Menschenhand

Auch die Teiche, fast 70 sind es heute noch, 84 sollen es gewesen sein, sind von Bergleuten geschaffen. Durch ein ausgeklügel-

Der Roederstollen macht die Wirklichkeit des Silberbergbaus anschaulich

tes Gräbensystem miteinander verbunden, erreichte das Wasser so die einzelnen Bergwerksstollen.

Zahlreiche Talsperren haben das 4 Millionen Jahre alte Mittelgebirge, dessen Namen Sprachforscher übrigens auf »hart«, Waldgebirge, zurückführen, noch einmal verändert. Die Überschwemmungen durch die während der Schneeschmelze oft reißenden Flüsse sollten damit beseitigt werden, aber auch als Trinkwasserreservoirs, zur Energiegewinnung und längst auch als Ausflugsziele prägen sie die Landschaft.

Nur in der kleinsten und ältesten Talsperre, dem 1714 bis 1721 von Knappen gebauten **Oderteich**, dürfen sich ganz Abgehärtete in die sehr kühlen Fluten stürzen. **Grane-**, **Ecker-** und **Sösetalsperre** sind aus-schließlich Trinkwasserreservoirs und daher nur **Anglern** zugänglich, während die **Okerstausee** längst zum Dorado von **Seglern** und **Ruderern** geworden ist.

Zum Backofen der Zwerge

Wer aber doch lieber festen Boden unter den Füßen hat, mag die Höhlen suchen, die zu den bedeutendsten Naturdenkmälern des Harzes gehören – die **Iberger Tropfsteinhöhle** bei **Bad Grund** vielleicht mit ihrem Labyrinth von Kammern und Schluchten und versteinerten Wasserfällen, in der die tropfenden Steine bizarre Namen tragen wie »Hand des Riesen« oder »Backofen der Zwerge«. In 100 Jahren wächst der Tropfstein etwa fünf Millimeter, und manche sind über zwei Meter hoch!

Die Kaiserpfalz in Goslar: einer der bedeutendsten mittelalterlichen Profanbauten

Nach dem Silber kam die Sole

Vor lauter Natur sollten Sie die Städte nicht vergessen, in denen sich viel Altes, auch Mittelalterliches, bewahrt hat. Daß es so ist, haben die Harzer einer Entdeckung zu verdanken, die gerade recht kam, als der alte Reichtum versiegte. 1569 schon wurde in **Harzburg** die erste Solequelle entdeckt, und bis zum 30jährigen Krieg siedeten die Harzburger Salz.

Als das Geschäft zurückging, verkauften sie den salzigen Trunk gleich aus Bottichen neben der Solequelle. 1893 wurde die Stadt zum »Bad«, und bis zum Ersten Weltkrieg kurten hier sogar die Hoheiten. Die Kuranlagen erinnern noch heute an eine mondäne Zeit.

Aber das Bad Harzburg war längst nicht mehr einzigartig. 1810 schon standen die ersten Badehäuser in **Alexisbad**, 1819 stieß man auf die Kalziumquelle von **Suderode,** und 1836 erhielt **Thale** das Hubertusbad. **Bad Grund** wurde 1885 Badeort und ist heute noch das einzige Moorbad – und hat das einzige Bergwerk in Betrieb: Mit einer Höhlentherapie werden Asthmatiker und Allergiker behandelt. Kneippbäder, und schließlich die heilklimatischen Höhenkurorte **Braunlage** und **St. Andreasberg** setzen die Reihe der Kurorte fort. Manchem Heilbad droht heute allerdings wieder Gefahr: Die Luftbelastungen an der vielbefahrenen B4 zum Beispiel, an der auch Bad Harzburg liegt, sind teilweise so hoch, daß nicht nur Konkurrenten die »Bad«-Qualität bezweifeln.

LESETIP

Der Hauptteil des Unterharzes gehört zu Sachsen-Anhalt, und so schreibt Hermann Peter Piwitt im **MERIAN-Heft Sachsen-Anhalt** »Über den Harz und seinen Brocken«, und Mathias Schreiber sendet im gleichen Heft den Hilferuf »Fünf vor zwölf – Für Quedlinburg werden Mäzene gesucht«. Einige hat die Stadt inzwischen gefunden – das ist so, wenn, wie in den neuen Bundesländern, die Gegenwart rasend schnell Vergangenheit wird.

Apropos Vergangenheit: Vielleicht gelingt es Ihnen, im Antiquariat das **MERIAN-Heft Harz** vom November 1973 aufzutreiben, denn darin werden Sie lesen können, daß auch manches aus der Vergangenheit bis heute Gegenwart geblieben ist.

Der Harz liegt zwar abseits der großen Verkehrswege, ist aber doch nur wenig von der nächsten Autobahnabfahrt, dem nächsten IC-Bahnhof entfernt.

Mit dem Auto

Längst ist der Harz mit dem Auto aus allen Richtungen gut erreichbar. Zwischen den Autobahnkreuzen Hannover und Kassel kann man nach Seesen oder nach Goslar abfahren, von Norden aber auch die Bundesstraßen 248, 6, 82 und 4 benutzen, von Süden die Bundesstraßen 247, 80 und 4 nach Bad Lauterberg oder Nordhausen. Vom Osten und Nordosten ist die Anfahrt über die Autobahn Berlin–Magdeburg oder Leipzig zu empfehlen.

Die meisten Straßen im Ostharz sind trotz anderslautender Meinungen und Meldungen gut befahrbar und, besonders an Wochenenden, noch lange nicht so voll, wie Ausflügler sie aus dem Westharz kennen.

Mit Baustellen muß zwar immer wieder gerechnet werden, und das Kopfsteinpflaster mancher kleinerer Orte stellt ältere Stoßdämpfer gelegentlich auf harte Proben, aber der Reisende, der nicht durch die Dörfer rasen und auch ihre Eigenheiten aufnehmen möchte, wird sicher ohne Ärger einfach einen kleineren Gang einlegen.

Zum Mietwagen kommt man im Westteil des Harzes noch schneller als im Osten, aber das ändert sich sichtbar, und es empfiehlt sich, die Kurverwaltung seines Ferienortes rechtzeitig zu befragen. Auch das Tankstellennetz versorgt Reisende in allen Regionen mit dem jeweils benötigten Treibstoff.

Mit der Bahn

Bahnreisende kommen aus allen Himmelsrichtungen problemlos in den Harz. Sowohl über die Nord–Süd- als auch über die Ost–West-Strecke kann man mit **Kurswagen** die wichtigsten Harzorte bequem erreichen: Bad Harzburg, Goslar, Herzberg, Wernigerode, Quedlinburg, Eisleben, Sangerhausen und Nordhausen. Mit Linienbussen kommt man dann auch in die kleineren Orte.

Mit dem Bus

Viele Reiseveranstalter bieten Busfahrten in den Harz an, bei denen man sich über den Reiseweg keine Gedanken machen muß. Es gibt Wochenend- und längere Pauschalreisen, bei denen Feriengästen auch die Suche nach der Unterkunft abgenommen ist und die meist Besichtigungen einschließen.

Alle wichtigen Ferienorte im Harz sind mit der Bahn erreichbar

Selbst eingefleischte Autofahrer sollten im Harz einmal umsteigen und die Schmalspurnostalgie in der Harzquerbahn genießen.

Auto

Für den Autofahrer gibt es keine besonderen Probleme im Harz, wenn man mal von der Wochenendfülle absieht, die Berliner, Braunschweiger oder Peiner, die Ausflügler aus der Umgebung eben, verursachen. Und die Parkplätze in den Städten sind knapp, so daß es sich eigentlich immer lohnt, Plätze am Ortsrand zu nutzen. Im Winter empfiehlt es sich in jedem Fall, Schneeketten mitzunehmen, sonst kann die Harztour früh enden.

Bahn

Bis zum Harzrand führen Bahnlinien in alle größeren Städte. Natürlich kann man von da ab auch mit Bussen weiterfahren, aber wer im Harz Urlaub macht, sollte auch einmal das Auto stehen lassen und sich mit der **Harzquerbahn**, der **Selketalbahn** oder der **Brockenbahn** ganz neue Ein- und Aussichten erschließen. Die Harzeuphorie wandernder Romantiker im vorigen Jahrhundert mag Planer auf die Idee gebracht haben, das Gebirge verkehrs-

Mit zwei Pferdestärken auf Besichtigungstour durch Wernigerode

mäßig zu erschließen und damit die Fremden anzulocken. 1899 schon wurde die Linie der **Harzquerbahn** zwischen **Nordhausen** und **Wernigerode** eröffnet. Sie ist 60,5 Kilometer lang, und ihre schmale Spur von 1 000 Millimetern erlaubt der kleinen Dampflok die mühelose Bewältigung eines Höhenunterschiedes von 370 Metern durch engste Täler und über fast 400 Brücken. Sie braucht drei Stunden für diese Strecke, aber es sind drei Stunden, die sich lohnen.

Von **Drei Annen Hohne** führt die **Brockenbahn** bis in 1 126 Meter Höhe zum **Bahnhof »Brocken«,** und ihre Auslastung muß jeden Verkehrsminister erblassen lassen, allerdings auch die Ökologen.

Die 25,9 Kilometer lange Strecke der **Selketalbahn** ist die älteste Schmalspurbahn des Harzes, denn das erste Teilstück von **Gernrode** nach **Mägdesprung** wurde schon 1887 eröffnet. Sie führt durch die schönsten und abwechslungsreichsten Landschaften bis nach **Hasselfelde.**

Eine einfache Fahrt, egal wie lang, kostet für Erwachsene 18 DM, für Kinder bis zu 12 Jahren die Hälfte.

Bus

Post, Bahn und Privatunternehmen bestreiten mit Bussen den öffentlichen Verkehr im Harz. Die Verbindungen zwischen größeren Städten sind gut, kleinere werden teilweise auch nur dreimal täglich angefahren.

Seilbahnen

Sessellifte und Seilbahnen verkürzen zahlreiche Wege nach oben (und auch wieder nach unten) erheblich. Sie führen zur **Roßtrappe** und zum **Hexentanzplatz** bei **Thale,** auf den **Burgberg** bei **Bad Harzburg,** den **Wurmberg** bei **Braunlage,** den **Bocksberg** bei **Hahnenklee,** den **Matthias-Schmidt-Berg** bei **St. Andreasberg** und den **Hausberg** bei **Bad Lauterberg.**

Fahrrad

Es gibt nur wenig ausgewiesene Fahrradwege im Harz. Auch hier wird das Mountainbike immer beliebter, was, wie überall, zu Wald- und Vegetationsschäden führen kann. Benutzen Sie also möglichst kleine Straßen und Wege und schonen Sie Waldpfade und Unterholz.

Im Westen ist der Fahrradverleih, seit er in Mode ist, gut organisiert, und je nach Ausstattung liegt der Tagespreis zwischen 6 und 35 DM. Im Ostharz gibt es bisher wenig Möglichkeiten, Fahrräder auszuleihen.

Skier

Für viele ist der Harz erst schön, wenn man ihn auf Skiern erkunden kann. Oft erst ab Mitte Januar; aber im Oberharz kann der Schnee schon ausreichend hoch liegen, wenn die Schneeketten in Bad Harzburg noch im Kofferraum bleiben können. Fast alle Harzorte haben Skischulen.

Saison ist im Harz das ganze Jahr über, zum Jahresende aber kann die Zimmersuche schwierig werden, und Reservierungen empfehlen sich immer.

Hotels

Wie jede Touristenregion bietet der Harz eine Fülle von Unterkünften, vor allem im Westteil. Luxushotels sind rar, erste Adressen oft bescheidener als anderswo, Tradition wird gepflegt und hat neben Modernem ausreichend Platz. Bei allen Hotels empfiehlt sich jedoch rechtzeitige **Reservierung**. Fast immer gibt es Wochenpreise für unterschiedliche Kategorien, nach Wahl für Übernachtung und Frühstück, Halb- oder Vollpension. Kinderermäßigung – von 20 bis 75 Prozent – ist üblich.

Auch wenn Touristen das ganze Jahr über in den Harz kommen, die Hauptsaison, während der manche Hotels die Preise erhöhen, ist die Zeit über Weihnachten und Neujahr, gefolgt von den Sommerferien. Die für viele schönste Jahreszeit, der Herbst, ist Nebensaison. In den großen Städten im Ostharz sind Häuser mit renommierten Namen neu erstanden. Viele sind allerdings noch im Umbau und bergen Zimmer aller Kategorien in unterschiedlichen Stockwerken: Eine Standardausrüstung mit Bad oder Dusche und WC gibt es nur in neueren Häusern.

Pensionen und Privatquartiere

Gasthäuser, Pensionen und vor allem Privatquartiere sind die beliebtesten Unterkünfte im Harz und in Ost und West in großer Zahl vorhanden. Gerade kleinere Orte im Ostharz bieten manchmal ausschließlich Privatquartiere an. Man kann für eine Woche mit Übernachtung und Frühstück 120 DM, aber auch 945 DM und mehr bezahlen.

Ferienwohnungen, Bungalows oder Appartements gibt es überall und meist auch sehr günstig zu mieten. Auch Jugendherbergen können für manchen eine attraktive Alternative zu Hotel oder Pension sein (→ Der Harz von A bis Z).

Hotels sind bei den einzelnen Orten im Kapitel »Sehenswerte Orte und Ausflugsziele« beschrieben.

Preisklassen

Die Preise gelten für eine Übernachtung im Doppelzimmer für zwei Personen, ohne Frühstück.
Luxusklasse: ab 200 DM
Obere Preisklasse: ab 120 DM
Mittlere Preisklasse: ab 80 DM
Untere Preisklasse: bis 80 DM

Gepflegte Fachwerkromantik für müde Urlauber in Bad Grund

Erwarten Sie keine Vier-Sterne-Restaurants, aber hungrig müssen Sie auch nicht vom Tisch aufstehen. Im Harz ißt man kräftig und schmackhaft.

Der Harz war eine Armeleutegegend, und somit ist die traditionelle Küche einfach und deftig. Kaum irgendwo sonst trennt sich der Harz noch so in Ost und West wie in der Gastronomie, und hier wächst er besonders langsam zusammen.

Kaum Überraschungen

Im Westen gibt es, wie in anderen Städten auch, neben einheimischen längst chinesische oder griechische Restaurants, im Osten manchmal gar keins. Oder mit Glück Bockwurst oder thüringische Bratwurst in der Bahnhofsgaststätte im Stil der 50er Jahre. Und es kann schon mal sein, daß die zum Gulasch servierten Böhmischen Knödel die Konsistenz (und den Geschmack) nasser Pappe haben. Erwarten Sie einfach im Unterharz keine kulinarische Meisterleistung. Vielleicht aber erleben Sie hier und dort eine angenehme Überraschung.

Feine Küche in Goslars schönstem Bürgerhaus: »Das Brusttuch«

Die Kunst des Schmorwurstessens

Wenn Sie im Harz kein Chateau-briand und keine Lammfilets wollen, sondern – vielleicht niedersächsisch-stur – nach etwas »Typischem« verlangen, werden Sie vermutlich eine **Harzer Schmorwurst** bekommen, mit grünem Salat und mit Salzkartoffeln, manchmal auch mit Braunkohl, den Sie vielleicht Grünkohl nennen, oder auch mit Sauerkraut oder Kartoffelsalat. In der Kunst des Essens dieser schmackhaften, aber auch fetten Wurst muß man geübt sein, wenn man sich nach dem Essen nicht umziehen will: Es empfiehlt sich, zuerst mit der Gabel ein Loch in die Wurst zu stechen, und zwar an dem dem Esser abgewandten Zipfel, damit das flüssige Fett auf den Teller und nicht auf Kleid oder Krawatte entweicht. Erst dann läßt sie sich wunderbar und gefahrlos schneiden.

Das Wappen des Ratsweinkellers in Goslar

Wild aus dem Wald

Die typische Speisekarte im Oberharz zählt auf, was 50 Kilometer weiter weg schon eine auf der Speisekarte zu den besonderen Delikatessen zählt: **Wildschwein**- und **Hasenbraten**, **Rehrücken** und **Hirschkeule**, und das meiste davon kommt wirklich aus dem Wald vor der Tür. Wer mächtig beladene Teller fürchtet, dem sei zu **Wildschweinragout mit Bratkartoffeln** geraten. Es geht auch leichter. Die **Bachforelle**, die meist

eine Zuchtforelle ist, wird sehr häufig angeboten, und oft kann der Gast sie sich selbst aussuchen und sagen, wie er die Zubereitung wünscht.

Finkenwürstchen

Sie sind berühmt, die **Bennekensteiner Finkenwürstchen**, und wer in ihren Genuß kommen will, muß erstens beim **Finkenmanöver** in Benneckenstein am Pfingstmontag zugegen sein und zweitens früh aufstehen, denn nicht nur der Verzehr, auch die Zubereitung gleicht einer kultischen Handlung. Zunächst wird in einer Lichtung – dem Austragungsort des Sängerstreits – ein Reisighaufen entzündet, denn die Würstchen werden in der heißen Asche zubereitet, nachdem die Flammen erloschen sind. Aber noch ist es nicht soweit. Zuerst werden die frischgestopften Würste, etwa ein halbes Pfund schwer, in Pergament gewickelt und dann noch einmal dick in feuchtes Zeitungspapier eingepackt. Jetzt sind es längliche »Patronen«, die in die heiße Asche geschoben werden und dort ungefähr 20 Minuten bleiben. Nun sollten sie gar sein, und mit dem Verzehr beginnt das nächste Ritual: Auf eine entrindete Astgabel gespießt, kann das Würstchen mit sichtbarem Genuß verspeist werden. Auch die **Stolberger Lerchen** sind Würste, und zwar Bratwürste, zu denen Sauerkraut oder – im Winter – Grünkohl gegessen wird.

Aus Thüringens Töpfen

Freunde deftiger Gemüseeintöpfe werden nirgends lange suchen müssen. Und von Thürigen aus, das mit Nordhausen ja auch einen Anteil am Harz hat, haben sich **Klöße** die Küchen erobert, hier meist in Gesellschaft von **Schmorbraten**. Das Wesentliche bei diesem Thüringer Leibgericht: Es muß aus rohen Kartoffeln gemacht sein, und das Innere muß aus gerösteten Weißbrotwürfeln bestehen, nur dann ist es richtig. **Harzer Kartoffelsalat** gilt als Spezialität, zu der Jagdwurstscheiben, Mayonnaise (viel Mayonnaise!), Senf, Gurken und Eier gehören. Auf die **Schlachtplatte** gehören Rot- und Leberwurst, Schmorwurst und Mettwurst, und diese mit oder ohne

Knoblauch. Apropos Knoblauch – nicht alles, was so ähnlich duftet, ist auch Knoblauch, vor allem im Harz. Der würzig-beißende Duft aus dem Kartoffelsalat oder vom Butterbrot kann auch vom Bärlauch stammen.

Der echte Harzer

Überhaupt darf man im Harz riechen, was man ißt. Wie sonst wäre es möglich, daß vom Frühstück bis zum Abendessen ein landesweit bekannter Stinker seit 200 Jahren die Favoritenrolle spielt, zum Salat in würziger Marinade, bekannter jedoch auf einem Schmalzbrot. Nicht seine Herkunft benennt den Harzer, sondern nur die Art der Herstellung, und somit kann ein echter Harzer auch ganz woanders herkommen. Aber wo riecht man schon so oft, daß er wirklich gegessen wird?

Auch Süßes gibt es

Wer's leicht mag, wird sich vielleicht mit **Eierkuchen** oder **Puffer mit Heidelbeerhaube** zufriedengeben. Als Zwischenmahlzeit tut es vielleicht auch ein **Hexenbrot**: außen verführerische Schokolade, innen ein Lebkuchenteig, beides gleichermaßen köstlich.

Zum Spülen und Verdauen

Wer ißt, trinkt auch – im Harz vorzugsweise **Bier**, und das ist auch das richtige Getränk zu den meisten Speisen. Einige Biere werden im Harz selbst gebraut:

Export, Malzbier und Harzer Urstoff in Altenau, das Hasseröder in Wernigerode. Groß ist die Zahl der Getränke, die bei der Verdauung hilfreich wirken, denn morgen winkt vielleicht wieder eine neue Verlockung, zum Beispiel Harzer Wurzelfleisch (das ist Rinderbrust mit Porree).

Etiketten-Schwindel

Die magenfreundlichen **Kräuterspezialitäten** haben bekannte Namen wie Schierker Feuerstein und Nordhäuser Doppelkorn. Aber wer erzählt, sie seien aus Harzkräutern hergestellt, schwindelt mehr, als erlaubt: Nirgends wachsen im Harz Zimt, Wermut oder Pommeranzen. Aber wer will das schon so genau wissen, wenn es nur schmeckt.

Restaurants sind bei den einzelnen Orten im Kapitel »Sehenswerte Orte und Ausflugsziele« beschrieben.

Preisklassen
Die Preise beziehen sich jeweils auf ein Hauptgericht ohne Getränke und Trinkgeld.
Luxusklasse: ab 30 DM
Obere Preisklasse: ab 25 DM
Mittlere Preisklasse: ab 12 DM
Untere Preisklasse: bis 12 DM

DER BESONDERE TIP

Die Harzburger Eierkuchenspeise gehört zu den Spezialitäten, die mancher, der sie probiert hat, sicher auch zu Hause anderen Leckermäulern anbieten möchte. Hier ist das **Rezept:** Für zwei Personen braucht man zwei Eier, 1/8 Liter Flüssigkeit (halb Milch, halb Sahne), drei gestrichene Eßlöffel Mehl, eine Prise Zucker, 80 Gramm Makronenplätzchen, eine Tüte Vanillezucker, fünf Eßlöffel Sahne, zwei Eßlöffel Zucker, 1/8 Liter Kirschsaft, 250 Gramm gekochte, abgetropfte Kirschen, Butter zum Backen. Zuerst Eigelb, Sahne, Milch und Mehl gut verrühren. Das Eiweiß mit Zucker zu Schnee schlagen und darunter heben, in der Pfanne daraus vier kleine Eierkuchen ausbacken. Dann Eierkuchen mit Kirschen füllen, zusammenrollen und in eine gefettete Auflaufform legen. Jetzt die Makronenplätzchen zerdrücken und mit Zucker, Vanillezucker, Kirschsaft und Sahne zu einer cremigen Masse verrühren, die über die Eierkuchen gegossen wird. Das Ganze im Ofen überbacken und dann genießen.

Es müssen nicht immer Hexen sein, die der Urlauber mit nach Hause bringt. Besonders im Ostharz lohnt die Suche nach der Kunsthandwerkszene.

Wer im Harz seinen Urlaub in einer Ferienwohnung verbringt, kann gewiß sein, daß in der Nähe ein Supermarkt, wahrscheinlich mit gewohnten Preisen, liegt. In den meisten kleinen Orten ist eine Mittagspause üblich. Ferienzentren und Wochenendausflugsziele kennen jedoch kaum ein Wochenende, vor allem im Sommer nicht.

Sicher kann man in Bad Harzburg Goldschmuck und Antiquitäten kaufen, wie in anderen mondäneren Kurorten auch, aber deswegen wird niemand eine Harzreise unternehmen. Nicht sonderlich groß ist die Zahl der Trachtengeschäfte, zumal sich die Harzbewohner nicht durch typisch volkstümliche Bekleidung auszeichnen. Die betreffenden Geschäfte bieten somit auch eher gepflegten »Landhausstil« an, und das erste Fachgeschäft für Trachten in Sachsen-Anhalt wirbt in Wernigerode zu Recht mit dem Satz »Folklore hat überall ein Zuhause«.

Für die Daheimgebliebenen

Wer ein Urlaubsmitbringsel sucht, wird da eher im kulinarischen Bereich fündig. Die Kräuterschnäpse der Gegend schmecken nicht nur, ihre Namen wie Schmiedefeuer und Hexenschuß, Köhlerliesel und Harzer Grubenlicht bringen zugleich ein Stück Harzgeschichte mit nach Hause. Und dann gibt es noch die Harzer

Beliebtes Mitbringsel aus dem Harz: eine Brockenhexe

Würste und Harzburger (Schoko-
laden-)Blätter, köstliche Baumkuchen (die aber eigentlich wieder
aus Thüringen stammen, das nur
ein Eckchen Harz sein eigen nennen kann) und süßes Hexenbrot
(Honigkuchen mit Schokolade
überzogen).

Kunsthandwerk

Für wirklich Schönes aus Ton und
Glas gab es für Harzbesucher
vor der Wiedervereinigung zwei
wichtige Adressen, das **Heilige
Kreuz** in **Goslar** und den **Hand-
werkerhof** in der alten **Zellerfelder Münze**.

Jetzt sind einige nennenswerte Namen hinzugekommen,
die für gehobenes Kunsthand-
work und Werke bildender Kunst
stehen. Glasbläser, Porzellange-
stalter, Töpfer und Glaskünstler in
Wernigerode, **Blankenburg** und
Derenburg haben sich ihren Platz
in der Marktwirtschaft erobert.

Natürlich Hexen

Hexen gibt es im Harz wie Sand
am Meer: große und kleine,
hübsche und häßliche, mit
berüschten Beinen oder pofrei
unter kurzem Röckchen. Aber
Handwerk sind die meisten nicht,
und mit Kunst haben sie schon
gar nichts zu tun. Viele haben
schon einen langen Weg hinter
sich, nicht auf dem Besen, sondern eher mit Schiff und Flug-
zeug – sie sind in Fernost hergestellt. Die billige Konkurrenz hat
die Handarbeit für manchen Fa-
milienbetrieb zu aufwendig und
die Hexen zu teuer gemacht, als
daß sich diese Beschäftigung
noch lohnte. Wer Glück hat, findet aber vielleicht im Ostharz
noch einige dieser rothaarigen
Geister auf richtigen Harzer Rei-
sigbesen. Hier eine Adresse zu
nennen, wäre leichtfertig, weil es
sie morgen vielleicht schon nicht
mehr gibt.

DER BESONDERE TIP

n der Mittelstraße in Wernigerode ist die vermutlich kleinste
Porzellanmanufaktur Europas zu finden. Und selbst wenn
die Vermutung nicht stimmt, ist sie einen Besuch wert, hängt
hier doch ein längst bekanntes Porzellanhemd an der Wand.
Sieben Jahre haben Heidi und Jürgen Hütter gebraucht, einen
für die Arbeit im winzigen Atelier geeigneten Porzellanbrenn-
ofen zu entwickeln. Mittelstr. 6, Tel. 0 39 43/3 29 91, tgl. 10–
18 Uhr geöffnet, aber Besichtigungen sind auch zu anderen
Zeiten möglich. ■ D 2

Der Harz mit Höhlen und Seen, Bergwerksmuseen und Seilbahnen ist ohnehin ein Kinderparadies. Dazu gibt es noch die Märchenwälder.

Wer mit Kindern im Harz Urlaub macht, kann je nach Ort und Zeit mit Kinderermäßigungen für die Unterkunft von 20 bis 75 Prozent rechnen. Kinderportionen in Gaststätten sind üblich, und es gibt eine Fülle von Raststätten, in denen die Kleinen sich nicht beim Kaffeetrinken mit den Eltern langweilen müssen, sondern Spielmöglichkeiten vor der Tür oder in der Nähe finden.

Abenteuerspielplatz

In **Sieber**, in einem der schönsten Harztäler, lockt besonders eine lange Bergrutsche. Das Tal ist in seinem Kernbereich für den Kraftfahrzeugverkehr gesperrt und damit ein attraktives Refugium für Pflanzen, Tiere und Menschen jeden Alters. Der Ort liegt an der Landstraße von Herzberg nach St. Andreasberg auf halbem Weg.

Bergbahnen

Bergbahnen machen allen Spaß. In **Bad Harzburg** schwebt die einzige Großkabinen-Seilbahn Norddeutschlands auf den Burgberg, und man kann noch die Reste der alten Harzburg sehen. Offene oder geschlossene Gondeln der **Wurmbergseilbahn** tragen die Feriengäste in **Braunlage** auf den Gipfel, wo man vom Turm der Sprungschanze einen schönen Rundblick hat. Die **Bocksberg-Seilbahn** fährt in

Mit Hänsel und Gretel in den Bad Harzburger Märchenwald

Hahnenklee, und in **Bad Lauterberg** schwebt ein Sessellift zu einem Ausflugslokal. In **Thale** kann man mit der Personenschwebebahn fast bis zum Hexentanzplatz fahren.
Berg- und Talfahrt:
Erwachsene 3–12 DM
Kinder 2–6 DM

Märchenparks

In Bad Harzburg dreht eine Nachbildung der Harzquerbahn ihre Runden, der **Märchengrund in Bad Sachsa** zeigt die wichtigsten deutschen Märchen in Schaubildern, und auch in **Bad Grund** finden Kinder Vertrautes aus Erzählungen.

Märchental Bad Grund ■ A 2
unterhalb der B 242
37539 Bad Grund
Tel. 0 53 27/24 18
Tgl. Mai–Okt. 10–17 Uhr
Erwachsene 2, Kinder 1 DM

Märchenwald
Bad Harzburg ■ B 1/C 2
Nordhäuser Straße
38667 Bad Harzburg
Tel. 0 53 22/35 90
Tgl. 10–18 Uhr
Erwachsene 3, Kinder 2 DM

Märchengrund Bad Sachsa ■ C 4
Katzentalstraße
37441 Bad Sachsa
Tel. 0 55 23/5 03
Tgl. 10–17 Uhr
Erwachsene 2, Kinder 1 DM

Schlittenfahren

Eine Fülle von Rodelbahnen in fast allen Harzorten erfreut nicht nur die kleinen Besucher. Auch im Ostharz gehört das Schlittenfahren zu den beliebtesten Beschäftigungen der Kinder im Winter, und eine geringe Leihgebühr macht das Rodeln dann auch noch zum preisgünstigen Vergnügen.

DER BESONDERE TIP

Am Schmidthang in **St. Andreasberg** wartet ein besonderes Vergnügen. Auf sicheren **Minirollschlitten** saust man auf einer 550 Meter langen **Superrutschbahn** 130 Meter hinunter. Hinauf geht es bequem mit dem Sessellift. Im Sommer an trockenen Tagen 10–17.30 Uhr.
■ B 3

DEN HARZ ERLEBEN

Bergbahnen, wie hier in Hahnenklee, bereiten auch Kindern viel Vergnügen

Sommerschneeballschlacht

Einen ungewöhnlichen Spaß bietet die Waldgaststätte Albertturm oberhalb von Bad Grund und Wildemann an. Mitten im Sommer wird an jedem Sonntagnachmittag zwischen Mai und August ein Schneemann gebaut, und danach gibt es eine Schneeballschlacht mit echtem Schnee, der in einem nahe gelegenen Stollen aufbewahrt wird.
Tel. 0 53 27/15 35
Freitag Ruhetag

Vogelstation

Im Harzfalkenhof auf dem Katzenstein sind die mittlerweile wieder im Harz heimischen Eulen, aber auch verschiedene Greifvögel vom Edelfalken bis zum Bengalgeier zu sehen. Bad Sachsa, Katzenstein
Tel. 0 55 23/32 91
Tgl. Mai-Okt.

Wildfütterung

Üblich sind Wildfütterungen nur im Winter, aber es gibt auch ganzjährige Fütterungen, bei denen Gäste willkommen sind.

Bad Grund ■ A 2
Iberger Albertturm, im Winter ab ca. 16.30 Uhr

Braunlage ■ C 3
Brunnenbachstal/Forellengrund, nach Einbruch der Dämmerung

Clausthal-Zellerfeld ■ A 2
Untermühle, Im Spiegeltal, im Winter tgl. ab ca. 18 Uhr

Hasselfelde
Bärenhöhe, Nähe Radeweghaus, Jan./Feb. tgl.

Wieda/Zorge
Waldgaststätte Stöberhai, nach Einbruch der Dämmerung

Wälder, Winter und Berge bestimmen die Hauptsportarten im Harz. 8 000 Kilometer Wanderwege erschließen seine Schönheiten.

Wer ohne Wanderabzeichen zurückkommt (Bronze für 60 Kilometer, Silber für 120 und Gold für 180), ist selbst schuld oder hat ein anderes Hobby. An den Kästeklippen wird geklettert, und im Winter rodeln alle an den Hängen oder lassen sich zu rasanten oder gemächlichen Abfahrten verleiten. Im Sommer laden Stauseen, Flüsse und Bäche zum Wassersport oder zum Angeln ein. Wenn man vom Motorsport absieht, gibt es kaum eine Sportart, die sich im Harz nicht treiben läßt. In Bad Harzburg können sich Golffreunde auf der Neun-Loch-Anlage des Golf-Clubs Harz e.V. (Tel. 0 53 22/10 96) betätigen, die Taucher kommen in Schulenburg am Okerstausee auf ihre Kosten. Langlaufloipen gibt es in allen erdenklichen Längen und Schwierigkeitsgraden. Auskünfte hierüber sowie über Tennisplätze erhalten Sie bei allen Fremdenverkehrsämtern und den Kurverwaltungen. Schließlich kann man sich hier auch in außergewöhnlichen Sportarten wie Eisstockschießen oder Drachenfliegen versuchen.

Vor allem Anfänger und Familien finden im Harz viele geeignete Skipisten

27

Angeln

Wo ein Wasser ist, darf auch fast immer geangelt werden, und fast überall ist ein Wasser in der Nähe. Meist ist dazu ein Fischereischein oder ein Sportfischerpaß nötig, und man kann Tages- oder Wochenkarten erwerben. Auskünfte erteilen die Kurverwaltungen.

Baden

Freibäder im Wald und an Teichen finden sich vielerorts, beheizt und – öfter – unbeheizt. Die meisten sind schön gelegen, und manchmal (Lonau, Scharzfeld, Sieber) ist auch der Eintritt frei. Erwachsene müssen mit Preisen von 1 bis 4,50 DM rechnen, Kinder mit der Hälfte. Hallenbäder gibt es nur in größeren Orten, oft in guten Hotels; Erlebnisbäder nur in Bad Lauterberg, Bad Sachsa und Seesen.

Bootfahren

Ruderboote, Paddel- und Tretboote werden an größeren Teichen und Talsperren verliehen. In Bad Sachsa, am Schmelzteich im Kurpark, kann man auch sportliche Einsitzer und Wasserfahrräder mieten.

Drachen- und Gleitschirmfliegen

Beides ist auf dem Rammelsberg bei Goslar möglich, Zufahrt über die Jugendherberge. Angeboten werden Drachenflugkurse, Schnuppertage und Tandemflüge.
Information bei:
Werner Musiol
Lorenz-Biggen-Weg 1
38642 Goslar
Tel. 0 53 21/1 88 99

Über Gleitschirmflüge informiert:
Knut Jäger
Amsbergstraße 10
38667 Bad Harzburg
Tel. 0 53 22/14 15

Eine Gleitschirmschule gibt es auch in Bad Sachsa auf dem Ravensberg:
Harzer Gleitschirmschule
Amsbergstraße 10
38667 Bad Harzburg
Tel. 053 22/14 15

Eislaufen

Natureisbahnen gibt es in Bad Gandersheim (Kurhausteich), Bad Grund (Totemannsteich, kostenlos), Hahnenklee (Kurpark), Herzberg (Juessee), Hohegeiß (Kurpark), Bad Sachsa (Schmelzteich im Kurpark) und Schierke. Nicht immer gibt es einen Schlittschuhverleih. Eishallen finden sich in Altenau und Braunlage.
Eissporthalle Altenau
Auf dem Glockenberg
38707 Altenau
Tel. 0 53 28/8 02 27
Mo–So 10–20.30,
Mi 20–22 Uhr Eis-Disco
Erwachsene 4, Kinder und Jugendliche bis 17 Jahren 3 DM
Schlittschuhverleih

Eisstadion Braunlage
Harzburger Straße
38700 Braunlage
Tel. 0 55 20/21 91
Di–So 10–12 und 14–16,
Mi und Sa auch 20–22 Uhr
Erwachsene 4,50, Kinder 4 DM
Schlittschuhverleih

Eisstockschießen

Fast überall, wo man eislaufen kann, ist auch Eisstockschießen möglich. Außer in Bad Sachsa ist Anmeldung erforderlich.

Reiten

Reiten kann man nur in wenigen Harzorten. Eine Reitschule gibt es in Bad Harzburg, aber Ausritte sind auch in Bockenem, Braunlage, Clausthal-Zellerfeld, Goslar und St. Andreasberg möglich.

Ferienreitschule Kastanienhof
38667 Bad Harzburg
Tel. 0 53 22/8 13 41

Ponyhof Stübig
38690 Vienenburg
Tel. 0 53 24/39 88

Rodeln

Rodelwiesen, Natureisrodelbahnen und Rennschlittenbahn (Schierke) gehören zum Harz wie die Fichten. In **St. Andreasberg** kann man auch **Schlauchrodeln** auf Autoschläuchen, und die Rodelfläche wird beleuchtet, damit der Wintertag nicht zu kurz ist.
Für 3 bis 8 DM am Tag gibt es fast überall auch einen Rodelverleih.

Segeln

Auf der Innerstetalsperre, auf dem Vienenburger See und auf dem Oderstausee darf gesegelt werden. Aber in Vienenburg und Bad Lauterberg gibt es keinen Bootsverleih.
Informationen:
Lautenthal (Innerstetalsperre)
Tel. 0 53 26/21 66

Bad Lauterberg (Oderstausee)
Tel. 0 55 24/66 58

Vienenburg (Vienenburger See)
Tel. 0 53 24/25 19

Wolfshagen (Innerstetalsperre)
Tel. 0 53 26/21 66

Skifahren

Natürlich ist der Harz nicht so schneesicher wie die Alpen, und die Abfahrten sind auch nicht so lang, doch dafür gilt dies zumeist auch für die Anfahrt. Vor allem aber ist der Harz mit seinen sanften Hügeln und zahlreichen Übungshängen ein ideales Skigebiet für Anfänger und für Familien. Doch auch Könner und Wagemutige finden in Drei Annen Hohne, Schulenberg, St. Andreasberg und Wernigerode mittelschwere bis schwere Abfahrten.

Außer in diesen Orten finden sich Schlepp-, Ski- und Sessellifte in Altenau, Braunlage, Clausthal-Zellerfeld, Hahnenklee, Hohegeiß, Lautenthal, Bad Lauterberg, Lerbach, Bad Sachsa, Thale und Wildemann.

Tageskarten kosten zwischen 10 und 29 DM. Skiverleihe (10–15 DM pro Tag) gibt es in fast allen Orten, und zumeist gehört zum Skigebiet auch eine Skischule. Die Kurse dauern in der Regel fünf Tage mit zwei bis fünf Stunden Unterricht, für die Erwachsene um 100 DM bezahlen, Kinder etwa 80 DM. Auch Wochenendkurse für Langlauf- und Abfahrtsski werden gelegentlich angeboten. Nähere Auskünfte erteilen die Kurverwaltungen.

Einer der schönsten Skihänge des Harzes, der zudem besonders für Familien mit unterschiedlicher Kunstfertigkeit geeignet ist, liegt mitten in St. Andreasberg. Der Matthias-Schmidt-Hang ist mit zwei Doppel-Sesselliften und drei Schleppliften erschlossen und bietet viele Abfahrten mit unterschiedlichen Schwierigkeitsgraden, von der Übungspiste bis zum schnellen Slalomhang. Die leichteste Abfahrt ist etwa 1,5 km lang, alle anderen liegen bei Längen zwischen 400 und 500 m mit Höhenunterschieden zwischen 100 und 150 m. Es sind keine Schneisenabfahrten, sondern freie Skiflächen, nur von Winterschutzpflanzen unterbrochen. Da etwa 4 500 Personen pro Stunde befördert werden können, gibt es hier kaum längere Wartezeiten. Geräumte Parkplätze sind an den Talstationen zu finden.

Surfen

Surfen kann man auf dem Okerstausee (Altenau, Bad Lauterberg, Schulenberg), auf der Innerstetalsperre (Lautenthal, Wolfshagen), dem Oderstausee (Bad Lauterberg) und dem Vienenburger See (Vienenburg).

Trimmpfade

Sie scheinen überall aus der Mode gekommen, aber im Harz gibt es noch einige.

Bad Harzburg
Kaltes Tal, ca. 3 km
Bockenem
Bodensteiner Klippen, ca. 3 km
Goslar
Am Steinberg, Zufahrt Nonnenberg, ca. 3 km ab dem oberen Steinbergparkplatz

Hahnenklee
Trimmpfad beim Ferienpark, Hahnenkleer Bergstraße, ca. 2 km
Lautenthal
Am Kleinen Bromberg, ca. 2 km
Schulenberg
Einstieg Parkplatz Tannenhöhe, ca. 2 km

Wandern

Mit und ohne Gepäck, mit und ohne Führung läßt sich der Harz auf **8 000 km Strecke** durchwandern. Jeder Ort hat sein eigenes Wanderabzeichen oder seine Wandernadel, die für unterschiedliche Strecken verliehen werden. Für gute Beschilderung, intakte Schutzhütten und Bänke sorgen ständig zahllose ehrenamtliche Helfer des Harzclubs. Der Harzclub hat auch eine **Broschüre** mit 350 geführten Wanderungen durch den Harz herausgegeben, in der die Routen nach Länge, Schwierigkeitsgrad und Zielgruppen geordnet sind. Speziell für Gehbehinderte gibt es einen **Rollstuhl-Wanderweg** in **Hahnenklee**. Die Broschüre ist gegen Einsendung von 3,50 DM beim Harzer Verkehrsverband, Marktstraße 45, 38640 Goslar, zu beziehen.

DER BESONDERE TIP

Das Oberharzer Wanderding Vom Frühling bis zum Herbst bieten »die fünf Oberharzer«, das sind die Orte Altenau, Clausthal-Zellerfeld, Buntenbock, Schulenberg und Wildemann, Sechs- und Zwölftagestouren ohne Gepäck an. Die Tagesstrecken sind elf bis achtzehn Kilometer lang, um Übernachtung, Mahlzeiten und Gepäcktransfer kümmern sich die Initiatoren für einen Pauschalpreis (325–560 DM).

Fast wie im Hochgebirge: die Feigenbaumklippe im Okertal

Selbst wer den Harz nicht kennt, weiß, daß dort die Walpurgisnacht gefeiert wird. Aber auch andere Traditionen zeigen sich in den örtlichen Festen.

Die **Walpurgisnacht** vom 30. April auf den 1. Mai zieht auch erste Besuchermassen des Jahres an. Die meisten Walpurgisfeiern finden – wegen der normalerweise kühlen Temperaturen – heute im Saale statt, und wer sich nicht rechtzeitig um eine Eintrittskarte bemüht hat, bleibt draußen vor der Tür. Und auch wer sich nicht Wochen vorher einen Platz in der Brockenbahn reserviert hat, muß sich im Dunkeln zu Fuß auf den Gipfel bemühen – kurz gesagt, eine Veranstaltung für Spontis ist die Walpurgisnacht nicht.

Traditionsreiches Fest

Kaum einer weiß, daß die Nacht zum 1. Mai nach der Heiligen Walpurga benannt ist, der Schutzpatronin aller Kranken und Gebrechlichen. Die Formen des Festes allerdings, bei dem die Hexen auszogen, um die bösen Geister der Krankheit mit sich zu nehmen, sind sicher älteren, heidnischen Ursprungs, schließlich spielte auch der germanische Wotan in dem mystischen Spiel um Wachstum, Fruchtbarkeit und den Frühlingsbeginn auf hochgelegenen Kultstätten eine wichtige Rolle.

TOPTEN 1

Und manche meinen, die Kirche habe sich diesen Tag nur angeeignet, weil die Menschen von diesem Fest nicht abzubringen waren.

Die Walpurgisnacht ist nur der – allerdings gloriose – Auftakt zu der reichhaltigen Harzer Festsaison.

Im Mai wird getanzt und in manchen Orten die Maienkönigin gewählt.

In den Sommermonaten gibt es unzählige Tanz-, Sommer-, Volks-, Stadt- und Schützenfeste mit mehr oder minder echter Folklore.

Manche Städte haben auch Musiktage und Festspiele zu bieten. Das geht bis in den Herbst, und dann nahen im November/ Dezember schon die Martins- und Weihnachtsmärkte. Neujahrskonzerte gibt es in Braunlage, Goslar, Bad Grund und Lautenthal, und auch der Fasching wird zumindest in Bad Harzburg mit einem Rosenmontagsball begangen.

Außergewöhnlich sind sicherlich Feste wie das Salz- und Lichterfest in Bad Harzburg, das Wecken der Weihnachtsmänner in Altenbrak oder die Galopprennwoche in Bad Harzburg.

Der Gott Wotan grüßt vom Giebel der Walpurgishalle auf dem Hexentanzplatz

DEN HARZ ERLEBEN

Februar
Bergdankfest in Clausthal-Zellerfeld
An Fasnacht feiern die Bergleute in Clausthal-Zellerfeld den traditionellen Berggottesdienst in Deutschlands größter Holzkirche, der Marktkirche zum Heiligen Geist. Danach beginnt das Bergdankfest, das der Gerechtigkeit halber abwechselnd in Clausthal und Zellerfeld veranstaltet wird.

Skifasching in Wernigerode
Der Mummenschanz hat gute Chancen, liegt Fasching doch in einer schneesicheren Zeit.

Volksskilauf in Wildemann
Alles, was Beine hat und schon oder noch auf zwei Brettern zu stehen vermag, ist dabei.

April/Mai
Walpurgisnacht
Auf dem **Hexentanzplatz** bei Thale, auf dem **Brocken**, in Altenau, Bad Grund, Bad Harzburg, Bad Lauterberg, Bad Sachsa, Braunlage, Buntebock, Clausthal-Zellerfeld, Hahnenklee, Hohegeiß, Lautenthal, Riefensbeek, St. Andreasberg, Schulenberg, Walkenried, Wieda, Wildemann und Zorge ist in der Walpurgisnacht der Teufel

DER BESONDERE TIP

Der **Finkenwettstreit**, am Pfingstsonntag in Thale und am Montag in **Benneckenstein** gefeiert, ist vermutlich das älteste Harzer Volksfest. Die Tradition geht auf die Bergleute zurück, die in Tücher eingehüllte Finken in die Schächte mitnahmen, damit die Vögel mit dem feineren Gespür sie rechtzeitig vor den Berggefahren wie schlagenden Wettern, Deckenstürzen und Gasausbrüchen warnen konnten. Zu der Zeit war der Vogelfang dem gemeinen Volk jedoch noch bei hoher Strafe verboten und den Fürsten vorbehalten.

Der Wettstreit gestaltete sich wie beim erstem Mal 1868 in zwei Durchgängen, Kür und Pflicht sozusagen, und verläuft für den Zuschauer ebenso undramatisch wie rätselhaft. Die Experten halten ihr Ohr an die in weiße Tücher gehüllten Käfige und beurteilen zunächst die Schönheit des Gesangs, wobei sie unter mehr als 30 unterschiedlichen lautmalenden Schlägen zuverlässig unterscheiden können. Bewertet wird zunächst die solistische Brillanz der kleinen Wettstreiter, und beim folgenden Kampfsingen wird nur die Zahl der Schläge pro Minute gezählt. Die weißen Tücher sollen übrigens die Tiere schützen, die sonst im Wettstreit aufeinander losstürzen und sich verletzen würden. Wer dabeisein will, muß früh aufstehen. Die Wettkämpfe beginnen um 7 Uhr.

los; für alle jedenfalls, die eine Eintrittskarte haben. Schwerpunkt der Walpurgisfeiern ist seit der Wiedervereinigung **Schierke**, wo die Hexen in den Vorgärten die Besucher begrüßen. In Braunlage trifft man die wilden Figuren schon in der letzten Aprilwoche überall, Häuser und Laternen sind mit Hexen und Teufeln geschmückt.

In **Bad Grund** beginnt das Fest mit dem **Hexensabbat**. Heinrich Heine, auf dem Weg von Goslar nach Bad Harzburg, meinte, die Granitblöcke könnten die »Spielbälle sein, die sich die bösen Geister einander zuwerfen in der Walpurgisnacht, wenn hier die Hexen auf Besenstielen und Mistgabeln einhergeritten kommen…« Aber sie werfen heute nicht mit Granitblöcken und kommen kaum noch auf Besenstielen. In den meisten Orten tanzen die Hexen jetzt aber wieder, auf manchen Gipfeln werden Strohpuppen verbrannt, man treibt noch Schabernack am Feuer und unterm Feuerwerk, und der Winter wird verbannt.
30. April/1. Mai

Kuhaustrieb in Wildemann
Pfingsten
Einheimische und Gäste feiern, daß das Vieh wieder draußen grasen kann.

Questenfest
Im kleinen Questenberg im Unterharz können Feriengäste noch ein Brauchtum aus vorchristlicher Zeit miterleben. Über dem Ort auf einem Felsen steht ein mächtiger Stamm mit einem Kranz, der das Sonnenrad darstellt. Jedes Jahr in der Nacht zum Pfingstmontag holen die Männer des Dorfes den alten Kranz herunter, und der an die Spitze des Stammes gebundene Lebensbusch wird verbrannt. Am folgenden Nachmittag wird ein neuer Kranz geschmückt und aufgezogen, zur Ehre der Sonne, die das Leben mit Wärme und Licht ermöglicht.

Juni
Johannisfest
In Altenau, Bad Grund, Clausthal-Zellerfeld, Buntenbock, Wildemann
24. Juni

Vor allem im Sommer gibt es im Harz eine Fülle von Tanzfesten

Berg- und Rosenfest in Sangerhausen

Wenn mit der Blüte der Parkrosen und Kletterrosenpyramiden im 1903 eröffneten Rosarium das Rosenfinale beginnt, feiert Sangerhausen mit Musik und Theater auf der Freilichtbühne.
Letzte Juniwoche

Juli
Galopprennwoche in Bad Harzburg

Schick geht es zu bei der Galopprennwoche, dem Höhepunkt der Bad Harzburger Festsaison. Aber nicht nur schick – beim Seejagdrennen spritzt nicht nur den kostbaren Pferden das Wasser um die Ohren. Bei Trabrennveranstaltungen und Springprüfungen geht es dann wieder gesitteter zu.
Juli

Sommersonntage (mit wechselnden Daten)
Parkfestspiele in Eisleben

Kulturfesttage zum Tag des Bergmanns

Domfestspiele in Bad Gandersheim

Anatevka und West Side Story, Wallenstein und Götz von Berlichingen gehörten schon zum Programm der mehr als 30 Jahre existierenden Festspiele, und abwechslungsreich soll das bekannte Theaterfestival vor der Domkulisse bleiben.
Juli/August

Blankenburger Sommer- und Musiktage

An unterschiedlichen Orten in der Stadt werden klassische Konzerte aus verschiedenen Jahrhunderten geboten, Meisterwerke in hervorragender Besetzung.

Grasedanz in Hüttenrode

Der Name sagt es schon, es wird getanzt, wenn die Heuernte eingebracht ist. Und natürlich gibt es reichlich zu Essen und zu Trinken.

August
Salz- und Lichterfest in Bad Harzburg

Mit über 30 000 Lichtern und einem Großfeuerwerk feiern Einwohner und Gäste drei Tage lang das Dankeschön für die Solefindung 1575.

September
Jodelwettbewerb in Altenbrak

1. So im Sept.

Eisleber Wiese

Traditionelles Volksfest
3. Wochenende im September

Brockenlauf in Ilsenburg

Beim traditionellen Brockenlauf in Ilsenburg wird auf 26 km Länge ein Höhenunterschied von 885 m bewältigt.

Dezember
Wecken der Weihnachtsmänner

Ein Stückchen echter Harzer Tradition: Am ersten Weihnachtstag, pünktlich um 6 Uhr morgens, schlägt in Altenbrak seit 1867 die Stunde der Weihnachtsmänner. Mit unaufhörlichem Glockenklingen und Peitschenknallen wecken der oberste Weihnachtsmann und seine drei Dutzend Gesellen alle Einwohner und Urlauber gnadenlos und ziehen dann weiter nach Treseburg, damit auch dort alle wissen, daß Weihnachten ist.
25. Dez.

Phantasievoller Fensterschmuck: ein kleiner privater Märchenwald

Am schönsten ist es oben dann, wenn die da unten husten. Tatsächlich bescheren Inversionswetterlagen den Brockenwanderern die schönste Aussicht.

Lassen wir alle Schönschreiberei und Schönfärberei beiseite, vergessen wir alle Schwärmereien – es gibt so gut wie keinen Grund, den 1 142 Meter hohen Brocken zu besteigen, schließlich ist es dort meist kalt und feucht, außer im Juli und August kann man sogar mit Schnee rechnen, und dennoch taten das 1992 bis zu 25 000 Menschen am Tag, an einem Tag!

Und Sie werden es vermutlich auch tun. Ob von Bad Harzburg, Schierke oder Torfhaus über den Goetheweg – bei annehmbarer Witterung ziehen nach 28jähriger Sperrung durch die DDR-Oberen wieder Ströme von Menschen hinauf. Und selbst im Winter, wenn die Brockenbahn streikt, weil Schneeverwehungen ihren Weg unpassierbar machen, stapfen ganz Tapfere nach oben, weil bei guten Bedingungen über den Wolken die Belohnung lockt: ein Fernblick bis zu hundert Kilometern und mehr (→ Routen und Touren).

Näher liegen rings um den sagenumwobenen Blocksberg die Ausgangspunkte für den Brockentourismus – mondäner im (im politischen Sinne ehemaligen) Westen, in restaurierter Fachwerksprache im Osten.

Der Brocken war lange Zeit militärisches Gebiet

Bad Harzburg

■ B 1/C 2

Ein bißchen mondän wie Braunlage, aber nicht mitten im Harz, sondern am Nordrand, daher auch nicht so sportlich, sondern eher betulich, gilt das seit 1882 staatlich anerkannte Thermal- und Heilbad Harzburg nicht zu Unrecht als Kur- und Wohnort der Pensionäre. Selbst in der Hochsaison bestimmen sie das Bild der Stadt, die mit den entsprechenden Konzert-, Theater- und Unterhaltungsveranstaltungen darauf reagiert. Außer in Goslar kann man kaum irgendwo im Harz so gut und teuer essen oder auch einkaufen wie hier. Die eleganteste Methode, Geld zu verlieren oder (seltener) zu gewinnen, ist der Wetteinsatz bei der jährlich stattfindenden Galopprennwoche (→ Feste und Festspiele). Es gibt aber auch eine Spielbank, und mit fünf Mark ist man schon dabei. Glück gehört, wie es scheint, ohnehin zum Los der Stadt. 1575, als die Sole gefunden wurde (und das wird immer noch in jedem Jahr mit dem dreitägigen Lichterfest gefeiert), begann ihr Aufstieg zum Kurort, und das sichert vielen bis heute die Existenz.

Der ausgedehnte Kurpark ist neben der Fußgängerbummelmeile das eigentliche Zentrum des Ortes, und ein Glas **Original Bad Harzburger Brunnen** im Badepark genossen, soll jedes Wohlbefinden steigern.

Wer mit der Großkabinenseilbahn auf den Großen Burgberg fährt, nähert sich den Anfängen. Genauer gesagt sieht man dort die Ruinen der ehemaligen Harzburg, die von 1065 an gebaut und Residenzburg König Heinrichs IV. wurde. Die Canossa-Säule entstand zu Ehren Fürst Bismarcks.

Zu Fuß kann man von hier aus den Harz erobern, denn viele Wanderstrecken beginnen hier.

Der Kurpark im beschaulichen Bad Harzburg

Hotels und andere Unterkünfte

Braunschweiger Hof
Schönes, gepflegtes und stilvolles
Haus in ruhiger Zentrumslage mit
Schönheitsfarm, Bierstube, Kegel-
bahnen und Bar.
Herzog-Wilhelm-Str. 52–56
Tel. 0 53 22/78 80
84 Zimmer
Luxusklasse

Harzburger Hof
Das Flair einer vergangenen Zeit
scheint im Blauen Salon gegenwär-
tig, aber das Hotel erfüllt durchaus
moderne Ansprüche. Bier-, Weinstu-
be und der Freitagstanztee machen
es zu einem angenehmen Kurhotel.
Und ab 14 Uhr wartet täglich der
Croupier auf diejenigen, die ihr Glück
versuchen wollen.
Kurhausstr. 23
Tel. 0 53 22/78 20
100 Zimmer
Mittlere bis obere Preisklasse

Hotel Victoria
Traditionsreiches Haus am Beginn
der Fußgängerzone, die hier Bum-
melallee genannt wird. Der Charme
der Vergangenheit verbindet sich
mit moderner Gastlichkeit.
Herzog-Wilhelm-Str. 74
Tel. 0 53 22/23 70
37 Zimmer
Obere Preisklasse

Sehenswertes

Burgberg mit Burgruine
Heute ist nur noch eine Ruine auf
dem Burgberg zu sehen, aber mit
der Burg, 1065 von Heinrich IV.
gebaut, begann die Geschichte der
Stadt. Die Burg wurde mehrmals
neu gebaut und ergänzt und im
17. Jh. völlig zerstört.
Burgbergbahn
Mitte Nov.–Mitte Dez. geschl.

Haus der Natur
Im Kurpark werden neben der Aus-
stellung »Wald und Wild im Naturpark Harz« eine Fossiliensammlung
sowie eine Mineralienausstellung
gezeigt.
Kurpark an der Bergbahnstation
Öffnungszeiten je nach Aushang

Schloß Bündheim
Kultureller Mittelpunkt der Stadt,
aber leider nur während öffentlicher
Veranstaltungen zu besichtigen.
Im 16. Jh. hatte Herzog Julius von
Braunschweig-Wolfenbüttel seinen
Amtssitz von der baufälligen Harzburg hierher in das alte Amtshaus
von Bündheim verlegt. Damals war
es ein schlichtes Gebäude, einem
Gutshof ähnlich. Später wurde es
zu Repräsentationszwecken ausgebaut. Denen und Konzerten dient
es heute noch.

Essen und Trinken

Nichts ist hier einfacher, ein Restaurant liegt praktisch neben dem anderen, und die Speisekarten sind international, auch die Freunde chine-
sischer und griechischer Küche finden mühelos ihr Lokal. Die Auswahl
der Cafés ist groß, die Bedienung
ausnahmslos freundlich –, keins, das
nicht empfohlen werden kann –
nicht viele Orte im Harz können dies
von sich behaupten.

Kaffeehaus Winuwuk
Nicht nur ein Café, sondern ein von
Worpsweder Künstlern erbautes,
sehenswertes Haus mit Kunstaus-
stellung »Sonnenhof«, auf das
schon Wegweiser im Ort hinweisen.
Neben hausgemachten Torten auch
warme Küche.
Waldstr. 9
Tgl. außer Mo.11.30–18 Uhr

Wilde Romantik am versteckt gelegenen Radau-Wasserfall

Radau-Wasserfall

An der vielbefahrenen B 4 oberhalb von Bad Harzburg und beim Vorbeifahren leicht zu übersehen. Aber im Sommer rauscht das Wasser den Fels hinunter, und im Winter ist es zu bizarren Gebilden gefroren. Der Wirt des gleichnamigen Lokals ist Jäger und Spezialist für Wildgerichte ohne gewollte Originalität. Die alte, noch fast im ursprünglichen Zustand erhaltene Harzgaststube mit Kamin ist mit Trophäen geschmückt.
Tel. 0 53 22/22 90
Im Winter geschl.
Mittlere Preisklasse

Am Abend

Das Harzer Nachtleben findet zwar vorwiegend in der Walpurigsnacht statt, aber in den Bars größerer Hotels wird auch zu anderen Zeiten schon mal getanzt. Die meisten Feriengäste finden sich abends allerdings beim Bier, und in vielen Häusern ist um 23 Uhr Zapfenstreich.

Domizil

Weinrestaurant, Bar und Tanzclub, freitags und sonnabends auch von der jüngeren Generation frequentiert. Jeden Sonntag Oldies aus drei Jahrzehnten. Man kann das Lokal auch für private Feiern mieten.
Hindenburgring 34
Tel. 0 53 22/33 77
Fr, Sa, So 21–2 Uhr, Küche bis 1 Uhr
Mittlere Preisklasse

Spielbank

Im Hotel Harzburger Hof kann jeder mit mindestens 5 DM bei Roulette, Black Jack und an Automaten die Urlaubskasse vergrößern oder verkleinern.
Hotel Harzburger Hof
Kurhausstr. 23
Tel. 0 53 22/78 20
Tgl. ab 14 Uhr

Service

Auskunft
Kurverwaltung
Herzog-Wilhelm-Str. 86
38667 Bad Harzburg
Tel. 0 53 22/7 53 00

Kutschfahrten
Ponyhof Stübig
Vienenburg
Tel. 0 53 24/39 88

Reiten
Ferienreitschule mit staatlich geprüftem Reitlehrer, Reitausbildung, Reitstallungen.
Kastanienhof
Westerode
Tel. 0 53 22/8 13 41

Wildfütterung
Nur im Winter
Am Molkenhaus
Tel. 0 53 22/5 10 10

Ausflugsziel

Vienenburg ■ B 1

6 km nördlich, an der B 4, liegt der kleine Ferienort mit Harzpanorama, Brockenblick und **Eisenbahnmuseum**. Zunächst sollte der Bahnhof abgerissen werden, aber mit der Feststellung, daß er wohl 1840 errichtet wurde, war das Schicksal von Deutschlands ältestem noch erhaltenen Bahnhofsgebäude besiegelt; es wurde zum Museum. Die Eintrittskarte kommt aus einem alten Fahrkartendrucker, eine Blockstelle wurde originalgetreu nachgebaut, und dann gibt es Lokschilder, Eisenbahnlaternen und auch eine Dampflok zu sehen.
Bahnhofstr. 8
Tel. 0 53 24/17 77
Di, Do, Sa, So 15–17 Uhr
Erwachsene 3, Kinder 1 DM

Braunlage
■ C 3

Die ehemaligen Olympiasieger und Weltmeister im Eiskunstlauf, Ludmilla Belousova und Oleg Protopopov, haben ebenso in Braunlage ihre Kreise gezogen wie der Eiskunstläufer Hans-Jürgen Bäumler und der Eisschnelläufer Erhard Keller.

Braunlage ist international und hat immer Saison, liegt »mittendrin« und am Fuß des 971 Meter hohen Wurmbergs. Zum Alltag des heilklimatischen Kurortes gehören Theateraufführungen und Konzerte, Heimat- und Hüttenabende, zum Sport verführen die beleuchteten Langlaufstrecken, Sprungschanzen und das Eisstadion. Und wenn die Walpurgisnacht naht, ist in Braunlage der Teufel los (→ Feste und Festspiele). Dann ist die Stadt ein einziges Puppentheater. Und sonst?

Seit mehr als hundert Jahren ist Braunlage Kurort und Wintersportparadies. Das bedeutet einen unendlichen Veranstaltungskalender rund um das Jahr, in dem es vom Dia-Vortrag über Tanzabende, Heimatabende, Film- und Musikveranstaltungen, geführten Wanderungen bis zu Kurkonzerten, Reitunterricht, Minigolf, Eisdisco und Seniorenlauf an nichts fehlen dürfte.

Altes Brauchtum für junge Gäste wird an den Köhlertagen gepflegt, dann wandern die Gäste zum Grillen zum Kohlenmeiler. Hinterm »Gipfeltreffen auf dem Wurmberg« verbirgt sich eine Wanderung mit Gottesdienst, und im Sommer gibt es Skispringen, allerdings Mattenschanzen.

17 Minuten dauert die Fahrt mit der Seilbahn auf den Wurmberg

SEHENSWERTE ORTE UND AUSFLUGSZIELE

Hotels und andere Unterkünfte

Hotel-Pension Klavehn
Oberhalb der Stadt am Waldrand gelegen, ruhig, geschmackvoll und mit individuell eingerichteten Zimmern. Hallenschwimmbad, Sauna und Solarium im Haus.
Am Jermerstein 17
16 Zimmer
Tel. 0 55 20/5 29
Mittlere Preisklasse

Hotel-Pension Panorama
Ruhig, direkt am (Himbeer-)Wald gelegen, 500 m zum Zentrum, guter Ausgangspunkt für Wanderungen zu jeder Jahreszeit.
Herzog-Johann-Albrecht-Str. 61
Tel. 0 55 20/22 91
15 Zimmer
Untere Preisklasse

Maritim-Hotel
Von außen ist der weiße Klotz sicher nicht jedermanns Sache, aber innen bietet er luxuriösen Urlaub an, der (nicht in jedem Fall) mit dem Blick vom Balkon beginnt. Bars, Restaurants und ein umfangreiches Freizeitangebot (Schwimmbäder, Sauna, Tennisplätze, Spielbar, Nachtclub und Kinderclub), ergänzt durch den Einsatz zahlreicher Animateure, sorgen für Unterhaltung.
Am Pfaffenstieg
Tel. 0 55 20/80 50
350 Zimmer
Luxusklasse

Sehenswertes

Wurmberg
In zwei Stunden zu Fuß (Markierung roter Punkt) oder 17 Minuten mit der (offenen oder geschlossenen) Kabinenseilbahn (Betriebszeiten → Service) erreicht man den mit 971 m höchsten Berg im Westharz. Bei guter Sicht kann man sogar den Thü-

ringer Wald und den Kyffhäuser erkennen. Im Winter ist der Aussichtsturm Anlaufturm einer Skisprungschanze.

Auf dem Plateau am Osthang, über die etwa 1 m breite und 80 m lange »Hexentreppe« aus Felsblöcken erreichbar, liegen die Reste einer frühgeschichtlichen Kultstätte. Die ursprüngliche Bedeutung dieser Anlage mit Terrassen und Ringwallresten ist bisher nicht bekannt.

Museum

Heimatmuseum
Das Heimat- und Skimuseum gegenüber dem Kurgastzentrum berichtet von der historischen Entwicklung des Waldarbeiterdorfes zum Wintersportplatz, vom geologischen Aufbau des Harzes, von Bergbau, Handwerk und Forstwirtschaft.
Am Kurgastzentrum
Tel. 0 55 20/16 46
Di–Fr 10–12 Uhr
Erwachsene 2, Kinder 1 DM

Essen und Trinken

Hotel Brauner Hirsch
Hier wählt man aus einem reichhaltigen Angebot an Wildspezialitäten oder unterhält sich in der gemütlichen Bierstube.
Am Brunnen 1
Tel. 0 55 20/10 64–65
Mittlere Preisklasse

Konditorei-Café Berthold
Braunlager Tannenzapfen, Baumkuchen und Mohngebäck sind die Spezialitäten des Hauses.
Harzburger Str. 5
Tel. 0 55 20/4 52
Mittlere Preisklasse

Omas Kaffeestube
Kleines, nostalgisches Kaffee im Zentrum, kleine Mittagsgerichte.

Elbingeröder Str. 2
Tel. 0 55 20/23 90
Di geschl.
Mittlere Preisklasse

Romantik-Hotel zur Tanne
In einem der ältesten und schönsten
Häuser des Ortes wird in stilvollem
Ambiente sowohl kräftige Harzkost
als auch Leichtes angeboten.
Herzog-Wilhelm-Str. 8
Tel. 0 55 20/10 34–5
Mittlere Preisklasse

Waldcafé Forellenteich
Direkt an der Hasselkopfloipe, oder
für Wanderer an der Südseite des
Hasselkopfes im Brunnenbachstal,
liegt das Ausflugsrestaurant, dessen
frische Forellen von seinen Gästen
gelobt werden. Natürlich gibt es
auch Kaffee und Kuchen, die süße
Spezialität des Hauses ist Apfel-
strudel mit heißer Vanillesoße.
Tel. 0 55 20/16 88
Tgl. außer Mo 10–18 Uhr
Mittlere Preisklasse

Service

Auskunft
Kurverwaltung Braunlage
Elbingeröder Str. 17
38700 Braunlage
Tel. 0 55 20/10 54
Wer außerhalb der Öffnungszeiten
anreist, findet freigemeldete Zimmer auf einer beleuchteten Anzeige-
tafel am Eingang der Kurverwaltung.

Busse
Braunlage ist zentraler Ausgangspunkt für Buslinien zu 14 Harzorten.

Eisstadion
Durch Veranstaltungen können Lauf-
zeiten ausfallen. Wer nicht läuft,
kann auch nur zuschauen.
Harzburger Str.
Tel. 0 55 20/21 91
Mo–Sa 10–12 und 14–16 Uhr
Di, Do, Fr zusätzlich 17–19,
Mi, Sa 20–22, So 10–12,
13.30– 15.30 und 16–18 Uhr
Erwachsene 4,50, Jugendliche 4 DM

Der Brocken bietet Wandermöglichkeiten für groß und klein

Kinderrodelbahn
Am Hasselkopf, oberhalb des Schützenhauses.

Kutsch- und Schlittenfahrten
Im Sommer und Winter eine der angenehmsten Möglichkeiten, die Gegend zu erkunden.

Kämpert
Elbingeröder Str. 28
Tel. 0 55 20/22 51

Seyferth
Schützenstr.
Tel. 0 55 20/29 30

Seilbahn
Wurmbergseilbahn mit Ein- und Ausstiegsmöglichkeit in der Mittelstation am Rodelhaus.
Tel. 0 55 20/7 25
Erste Bergfahrt Juli/Aug. 9.30, letzte Talfahrt 17.30 Uhr
Mai/Juni und Sept./Okt. 9.15/17 Uhr
Feb.-April 9/16.45 Uhr
Dez./Jan. 8.45/16.15 Uhr
Rückfahrkarte Erwachsene 12 DM, Kinder 5,50 DM

Tennishalle
Elbingeröder Str.
Tel. 0 55 20/29 90 und 10 54

Wandern
220 km Spazier- und Wanderwege, im Winter sind etwa 90 km geräumt oder gewalzt. Geführte Wanderungen werden ständig angeboten.

Wildfütterung
Am Brunnenbach, ganzjährig in freier Wildbahn, von der B 27 über den Parkplatz Waldmühle, Gaststätte Forellenteich, erreichbar.

Wintersport
Braunlage zählt zu den ältesten und bedeutendsten Wintersportorten Deutschlands. Die Langlaufloipen sind gut gepflegt, ein Rundkurs von 1,6 km abends beleuchtet. An den Lifthängen und am Wurmberg werden Skikurse angeboten. Skilifte gibt es an der Skiwiese Herzog-Johann-Albrecht-Straße, am Hasselkopf, Paulsberg und Wurmberg. Die Abfahrtspisten werden von einer Pistenaufsicht betreut und stehen unter Aufsicht der Bergwacht.

Skischule mit Kinderskischule
Harzburger Str. 1
Tel. 0 55 20/4 14

Skiwandern
Skiwanderloipe Braunlage 1,6 km, 5 km und 10 km, Start Skistadion (Wetterwarte); Skiwanderloipe Hasselkopf 6 km, 10 km und 13 km, Start Schützenhaus.

Nacht-Skilauf
Beleuchteter Skihang am Skilift Skiwiese Herzog-Johann-Albrecht-Straße. Beleuchtete Langlaufloipe, 1,6 km, im Schultal, Start Wetterwarte.

Skisprungschanzen
Große Wurmbergschanze mit Aussichtsturm, Brockenwegschanze mit Jugendschanze, Matten-Skisprungschanzen am Brockenweg, Jugendschanze im Schultal.

Ausflugsziel

Elend ■ C 3

Zivilisatorisches Biotop, weil lange Grenzgebiet und wie der Nachbarort Schierke für Normalbesucher unzugänglich. Seinen Namen hat der Ort Mönchen zu verdanken, die sich hier, auf Pilgerreise von Ilsenburg nach Rom, bereits im **eli endi**, in fremdem Land, fühlten. Stolz sind die Bewohner auf Europas kleinste Holzkirche, weiß mit schwarzem Schieferdach, wohnzimmergroß mit rollendem Altar, und mit fünf bleiverglasten Fenstern in leuchtenden Farben.
Führungen Di und Fr zwischen 15.30 und 16.30 Uhr

Schierke

■ C 3

Der kleine Ort im Tal der Kalten Bode, bis 1989 »Kurort der Werktätigen« und auch diesen nur mit Passierschein zugänglich, gehörte mit seiner bevorzugten Lage am Fuß des Brocken bis zum Zweiten Weltkrieg zu den beliebtesten Harzer Ferienorten. Danach bestimmten Grenzsoldaten das Ortsbild, der Brocken als »Wächter für unser aller Sicherheit« war nur noch denen zugänglich, die oben arbeiteten. Und auch jetzt wieder beschäftigt der Berg, den Heinrich Heine »einen Deutschen« nannte, die Schierker. Im **Nationalpark Hochharz** wird der Interessengegensatz von Naturschutz und Fremdenverkehr wohl eine ganze Weile vehement und mit ungewissem Ausgang ausgetragen.

Bizarre Klippen und bemooste Felsen

Dichte Wälder, die in den Ort wachsen, bizarre Klippen und bemooste Felsen auf bis zu 1000 Meter hohen Bergen mit teilweise alpinem Charakter haben das Bild einer Urlandschaft erhalten. Über 120 Kilometer gut markierter **Wanderwege** aller Schwierigkeitsgrade mit Schutzhütten, Rastplätzen und Bänken machen Schierke zu einem idealen Familienferienort.

Auf einem **Naturlehrpfad** gibt es Erläuterungen zu Geologie, Fauna und Flora. Aufmerksame werden Brockenanemone und Wollgras, Auerhahn und Alpensmaragdlibelle sehen.

Kletterer finden ihr Dorado im Umkreis von nur 500 Metern; Feuersteinklippen, Mauseklippen und die schon von Goethe und Heine beschriebenen Schnarcherklippen sind auch für Wanderer wundervolle Aussichtspunkte. Zur Erfrischung bietet sich ein Waldbad an.

Ski und Rodel gut

Nur der Winter machte den Schierkern noch Kummer, vieles, was der moderne, hochtechnisierte Wintersport voraussetzt, kollidiert mit Naturschutzinteressen. Dennoch: In unmittelbarer Ortsnähe gibt es seit dem Winter 1992/93 eine zwanzig Meter breite und zwei Kilometer lange **Rodelbahn** für alle, die ehemalige **Bobbahn** für sportliche Wettkämpfe. 74 Kilometer Wanderwege werden im Winter zu **Langlaufloipen** durch die Wälder rund um Schierke, und außerdem verfügt der Ort über eines der letzten **Natureisstadien** des Harzes, sobald die Tagestemperaturen unter Null bleiben. Mit Bodewasser aus Feuerwehrschläuchen hergestellt, lockt es Schlittschuhläufer aller Altersklassen. Schlittschuhe kann man auch ausleihen.

Der Reiterhof Wernigerode bietet täglich von 10 bis 15 Uhr einzigartige Kremserfahrten zum Brocken an. Hinauf kostet es 25 DM, hinunter, weils leichter ist, nur 15 DM.

Auskunft beim Reiterhof, Tel. 0927/321 08.

SEHENSWERTE ORTE UND AUSFLUGSZIELE

Hotels

Hotel Fürstenhöh
Preiswertes, frisch renoviertes
Haus. Zimmer mit Dusche und WC,
teilweise mit TV. Hausbar »Hexen-
keller«, Grillplatz mit Harzer Hütten.
Brockenstr. 7
Tel. 03 94 55/3 97
40 Zimmer
Untere Preisklasse

Hotel Heinrich Heine
Früher schon das beste Haus am
Platz, als es noch »Fürst zu Stolberg«
hieß, gleich am Ortseingang gelegen.
Ein Hauch verblichener Noblesse,
gepaart mit dem Charme der 50er
Jahre. Live-Musik am Nachmittag,
abends Musik zum Tanz. Sauna und
Solarium.
Alte Dorfstr. 1
Tel. 03 94 55/3 54–6
80 Zimmer
Luxusklasse, aber auch
billigere Zimmer

Service

Auskunft
Kurverwaltung
Brockenstr. 5
38879 Schierke
Tel. 03 94 55/3 10

Ausflugsziel

Schnarcherklippen ■ C 3

Zu den Schnarcherklippen und vermutlich auf Goethes Spuren, weil
er dieses Fleckchen Erde in seinem
»Faust« verarbeitet hat (die Gegend
von Elenden und Schurken), führt
ein 6,2 km langer Wanderweg mit
einer Steigung von 81 m (Markierung:
gelber Querbalken).

Vom Rathaus geht man über die
Bodebrücke am Eisstadion zu den
Mauseklippen (beeindruckende Aussicht!) und weiter zu den Schnarcherklippen, an der Schutzhütte vorbei
über Gestellweg, Gelber Weg, Sand-
brinkstraße wieder zum Rathaus.

Wandern und Klettern im Zentrum des Harzes: die Schnarcherklippen

Wernigerode

■ D 2

Hermann Löns schwärmte von der »bunten Stadt am Harz«, und seit der Beseitigung der innerdeutschen Grenzen tun es ihm Tausende aus Ost und West nach. Aber auch schon bis 1989 zählte die Stadt mit einer bemerkenswert gut erhaltenen Altbausubstanz 300 000 Urlauber jährlich, auch aus Skandinavien und den Beneluxländern, sowie fünf Millionen Tagestouristen.

Als Rodungssiedlung etwa um 1000 gegründet, erlebte Wernigerode, günstig im Schnittpunkt mehrerer Handelsstraßen gelegen, schon im Mittelalter einen bemerkenswerten Aufschwung. Anfang des 19. Jahrhunderts entstanden Ziegeleien, Holz- und Metallverarbeitungswerke, die Harzquer- und die Brockenschmalspurbahn wurden gebaut (1898/99), der Fremdenverkehr setzte ein und ist auch bis heute die wichtigste Erwerbsquelle geblieben. Brockenbesucher machen hier Station, Hochzeitspaare schätzen das bekannte Rathaus nicht nur als Fotohintergrund, und da zunehmend mehr Unterbringungsmöglichkeiten auch den verwöhnten westlichen Ansprüchen genügen, steigt die Zahl der Kurzbesucher nun ebenfalls. Außerdem ist Wernigerode ein günstig gelegener Ausgangspunkt für Ausflüge. Am Westerntor kann man in die Harzquerbahn (→ Routen und Touren) steigen, in Wendefurth ein Boot leihen und das Rappbode-Talsperrensystem erkunden, und Drei Annen Hohne ist der ideale Ausgangspunkt für Wanderungen.

Die über 500jährige Fassade des Rathauses in Wernigerode

Hotels

Gothisches Haus
Restauriertes, schmuckes Haus mit Restaurants, Café und Tagungsräumen, das gehobenen Ansprüchen durchaus gerecht wird. Mit Sauna und Solarium.
Am Markt 1
Tel. 0 39 43/37 50
128 Zimmer
Luxusklasse

Weißer Hirsch
Wernigerodes ältestes Hotel hat sich durch Renovierung und Modernisierung grundlegend gewandelt und ist dabei ein schönes Haus geblieben.
Am Markt 5
Tel. 0 39 43/3 24 34
31 Zimmer
Obere Preisklasse

Spaziergang

Der Marktplatz mit farbenprächtigen Fassaden bietet sich als Ausgangspunkt für einen Stadtbummel an, und kaum einer wird das beherrschende **Rathaus** nicht von Fotos oder Briefmarken her wiedererkennen. Zunächst war es ein Spielhaus für Feierlichkeiten jeder Art, wie es im Mittelalter üblich war. Seine heutige spätgotische Gestalt mit Erkertürmen und Walmdach bekam es erst durch einen Umbau im 15. Jh. 33 Narren, Geistliche, Tänzer und Musikanten, Kopien von Figuren des Halberstädter Rathauses, schmücken die Fassade ebenso wie eine Tafel, der zu entnehmen ist, daß Wernigerode 1991 beschlossen hat, »Stadt des Friedens« zu sein. Der Marktbrunnen mit Stifterwappen wurde 1848 im nahen Ilsenburg gegossen.

Das **Gothische Haus** rechts neben dem Rathaus, ein Patrizierbau aus dem frühen 15. Jh., wäre fast Opfer von Abrißplänen geworden. Nun ist die alte Fassade mit den Gauklerfiguren wieder original zu bewundern und das Innere wieder Hotel. Renaissancebalken sind auch im Inneren verwendet worden, und im Wintergarten-Café fügt sich Altes mit Neuem, Glas mit Holz und Beton zu einem gelungenen Ensemble.

Dem Rathaus gegenüber das Hotel »Weißer Hirsch«, früher wie heute eine erste Adresse, und rechts neben dem Rathaus verläuft der **Klint** mit dem Harzmuseum in einem klassizistischen Fachwerkbau (→ Museen). Die Oberpfarrkirche **St. Silvester**, der Ort, an dem die Benediktiner vermutlich mit den Rodungen begannen, ist Mitte des 13. Jh. entstanden und mehrfach erneuert worden, zuletzt im 19. Jh. Zu den schönsten Renaissancehäusern der Stadt gehört auf dem rund um die Kirche verlaufenden Oberpfarrkirchhof das **Gadenstedtsche Haus**, Nummer 13. Wenige Schritte entfernt steht als Rest der alten Stadtbefestigung das **Westerntor** und auf der anderen Straßenseite der Bahnhof, von dem aus man mit der **Harzquerbahn** die Umgebung erkunden kann.

Durch die Westernstraße bummelt man durch die Fußgängerzone zum Markt zurück und von dort in die Breite Straße, von den Einheimischen stolz **Boulevard** genannt, und hier liegen auch die bedeutendsten Fachwerkhäuser der Stadt: in der Nummer 4 das **Café Wien** aus dem Jahr 1583, Café schon seit der Jahrhundertwende. Beim **Krummelschen Haus**, Nummer 72, einem dreigeschossigen Barockbau, lassen sich eindrucksvolle Schnitzereien bewundern. Sehenswert sind auch **Der Bär**, Nummer 78, und die **Krellsche Schmiede**, Nummer 95. Ein gut 4 km langer Spaziergang führt zum **Schloß**.

Sehenswertes

Schloß
Mittelalterliche Burg, Barockschloß, Neugotik – manche nennen diese Mischung schrecklich, die anderen schwärmen von dem Märchenschloß, das durch zahlreiche Veränderungen über die Jahrhunderte entstanden ist. Alle Einzelbauten und Türme sind durch Treppen verbunden. 1949 wurde es zum Feudalmuseum, jetzt heißt es wieder Schloßmuseum. Am besten erreicht man es zu Fuß oder mit einem Touristen-Bimmelbähnchen.

Schloß und Lustgarten
110 verschiedene Gehölze gedeihen heute in dem englischen Landschaftsgarten mit Palmenhaus und Orangerie aus dem 16. Jh. Von hier aus hat man einen der schönsten Blicke auf die Stadt und zum Brocken.

Museen

Harzmuseum
Heimatmuseum mit Informationen zur Geschichte Wernigerodes, zu Natur, Bergbau, Wirtschaft, Fachwerkbau und Trachten.
Klint 10
Di–So 10–18 Uhr
Erwachsene 4, Kinder 2 DM

Schloßmuseum
In 37 Räumen wird die Entwicklung des Feudalismus im Harz dokumentiert.
Tel. 0 39 43/3 20 95
Di–So 10–18 Uhr
Erwachsene 4, Kinder 2 DM

Essen und Trinken

Café Wien
Freundliches und gepflegtes Café, innen so hübsch wie außen.
Breite Straße 4
Tgl. 9–18 Uhr

In der Innenstadt von Wernigerode läßt es sich vorzüglich bummeln

Ratskeller

Im Kellergeschoß des Rathauses mit Tonnengewölbe verbirgt sich ein ziemlich großes Restaurant, in dem Hungrige den ganzen Tag über zu zivilen Preisen bedient werden.
Am Markt 1
Tel. 0 39 43/3 27 04
Tgl. ab 10, So–Do bis 23,
Fr, Sa bis 1 Uhr
Untere Preisklasse

Weißer Hirsch

Täglich von 7 bis 24 Uhr gibt es zu essen, und Nachtschwärmer finden die Hotelbar ohne Sperrstunde.
Am Markt 5
Tel. 0 39 43/3 24 34
Mittlere Preisklasse

Einkaufen

Töpferei Klaus Lindner

In der Kemenate am historischen Markt, die auch den Kunst- und Kulturverein beherbergt, sind Ausstellungs- und Verkaufsraum von Klaus Lindner zu finden, dessen Werkstatt allerdings in Börnecke bei Blankenburg steht. Er dreht seine Objekte frei auf der Töpferscheibe und hat sich dabei auf Salzglasur spezialisiert. Das Steinzeug wird tagelang im selbstgebauten Holzofen bei 1 300° gebrannt, und in der Weißglutphase fügt Lindner Kochsalz durch das Feuerungsloch hinzu, das verdampft und bei dem sinterweichen Ton eine ganz besonders widerstandsfähige Oberfläche entstehen läßt.
Marktstr. 1
11–17 Uhr
Tel. 0 39 43/3 26 30

Petra Gessing, Dieter Hackbeil

»Träume aus Glas« nennen Petra Gessing und Dieter Hackbeil, in der Kemenate gleich nebenan, ihre Arbeiten. Mit kunstvoller Graviertechnik verändert Petra Gessing Gläser und Spiegel, während Hackbeil vor der Flamme aus Rohzylindern bunte gläserne Scherze staucht, bläst und zieht. Und da man von Witz allein nicht leben kann, erledigen beide auch Auftragsarbeiten.
Marktstr. 1
11–17 Uhr
Tel. 0 39 43/3 24 59

Glasmanufaktur Harzkristall Derenberg

Wer will, kann sich in der Glasmanufaktur Harzkristall Derenberg, kurz hinter Wernigerode an der Straße nach Halberstadt, selbst als Glasbläser versuchen. Einfacher ist es aber, sich in der großen und gut sortierten Glashütte, die mit der Kunsthochschule in Halle zusammengearbeitet hat, etwas auszusuchen.
Im freien Felde 5
Mo–Sa 8–15 Uhr,
Glasmarkt Mo–So 8–18 Uhr
Tel. 0 39 43/2 25

Service

Auskunft

Fremdenverkehrsamt
Friedrichstr. 154
38855 Wernigerode
Tel. 0 39 43/3 20 40
Tourist-Information
Breite Str. 12
Tel. 0 39 43/3 30 35

Kutschfahrten

Fahrten mit der historischen Postkutsche, Landauer und Jagdwagen für Familienfahrten.
Kutschbetrieb Horst Piehozki
Mühlental 91
Tel. 0 39 43/2 52 85

Stadtrundfahrten

Mit der Bimmelbahn vom Markt zum Schloß und Stadtrundfahrten. Abfahrt von der Blumenuhr hinter

dem Rathaus.
Mai–Okt. tgl. 9.30–17.30 Uhr
alle 20 Min.; letzte Rückfahrt vom
Schloß 18.10 Uhr
Nov.–April tgl. 10.30–16.30 Uhr,
alle 45 Min.; letzte Rückfahrt vom
Schloß 17.10 Uhr

Stadt-Schloß
Erwachsene 2,50, Kinder 1 DM
Stadtrundfahrt
Erwachsene 5, Kinder 2 DM

Tenniscenter Waldmühle
Tennishalle mit drei Plätzen, von
6–24 Uhr bespielbar.
Tel. 0 39 43/2 50 02

Ausflugsziele

Elbingerode ■ D 3

10 km südlich von Wernigerode liegt
das malerische Bergstädtchen, dessen **Schaubergwerk Büchenberg**
die meisten Besucher anlockt. 50 m
unter der Erde warten, je nach
Interesse, geistige oder kulinarische Genüsse. Wer sich nicht
einen Überblick über die technologi-
sche Entwicklung der Eisenerzge-
winnung im Mittelharz verschaffen
möchte, den reizt vielleicht ein
Tzscherperessen. Das ist ein zünfti-
ges Essen unter Tage, alte Tradition

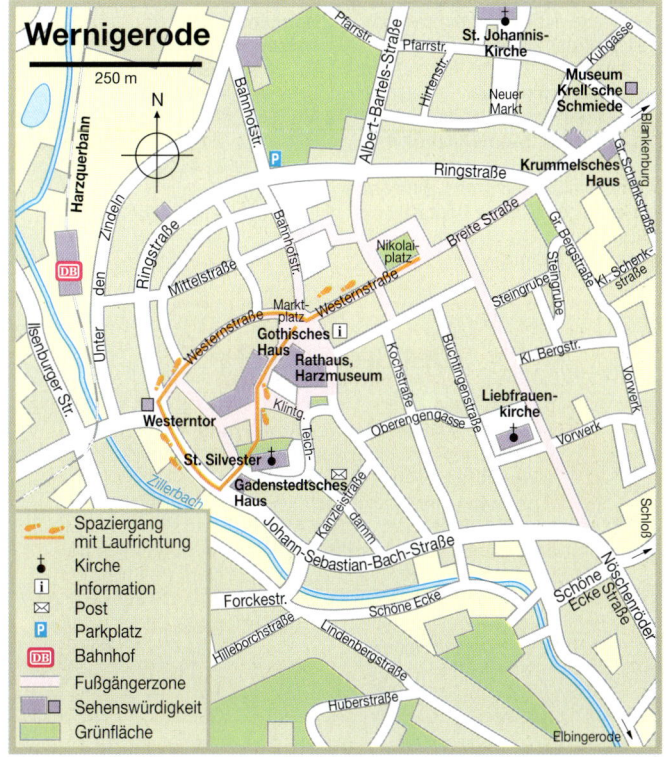

Wernigerode

250 m

N

Spaziergang
mit Laufrichtung
Kirche
Information
Post
Parkplatz
Bahnhof
Fußgängerzone
Sehenswürdigkeit
Grünfläche

der Bergleute, bei der (früher einmal im Jahr) in gemütlicher Runde bei Öllampen und Talglichtern deftige Speisen der Region verzehrt werden.

Bergwerksbesichtigung
Tgl. 10–16 Uhr
Führungen, ca. 45 Min., wochentags 10, 12, 14 und 15 Uhr,
an Wochenenden, Feiertagen und in den Ferien stündlich
Erwachsene 5, Kinder/Jugendliche 2,50 DM

Tropfsteinhöhlen bei Rübeland · ■ D 3

Ein kleiner Ort, 14 km südöstlich von Wernigerode, zwischen steilen Berghängen im Bodetal malerisch gelegen, zieht Jahr für Jahr mehr als eine halbe Million Menschen an.

TOP TEN 6

Wissenschaftler und Forscher kamen schon seit der Entdeckung der **Baumannshöhle** (1536). Sie gilt als die schönste Tropfsteinhöhle Deutschlands. Eine bizarre Grotte aus buntem Tropfstein mit

Tausenden von Stalagmiten und Stalaktiten hat die Phantasie zu märchenhaften Benennungen der einzelnen Gebilde angeregt. Unter dem Gewölbe des gigantischen **Goethesaales** mit seinem kristallklaren See (der Dichter war mehrfach hier) werden Theaterstücke aufgeführt. In der **Hermannshöhle** sind in drei Etagen seltsame Höhlungen und Auswaschungen sowie die beeindruckende **Kristallkammer** zu sehen. Bleiche Grottenolme aus Jugoslawien, 1932 hier ausgesetzt, und Fledermäuse bewohnen die Höhle. Warm anziehen, hier ist es immer kühl!

Baumannshöhle
Blankenburger Str. 36
Tel. 03 94 54/92 08
Hermannshöhle
Hasselfelder Str. 2
Tel. 03 94 54/91 10
Beide Höhlen Mai–Sept.
Mo–So 9.45–17.15 Uhr,
Okt.–April Mo–So 9.15–16.15 Uhr
Mo und Fr ist nur jeweils eine der Höhlen geöffnet.
Erwachsene 5, Kinder 2 DM

DER BESONDERE TIP

Eine acht Kilometer lange **Wanderung** von Rübeland nach Neuwerk, zum **Blauen See** und zurück: Man verläßt Rübeland in östlicher Richtung über den Philosophenweg und gelangt nach Neuwerk, wo man die Bode überschreitet. Hinter den letzten Häusern geht es links zum Krockstein, dann durch das Kreuztal Richtung Hüttenrode bis zum Damm der Zahnradbahn, und auf dem kann man bis zum Blauen See gehen. Das einmalig leuchtende Blau des Sees entsteht durch Tageslichtreflexion. Über Nebelholz ist es nicht mehr weit bis nach Rübeland. ■ D 3

Unterirdische Tropfsteinfaszination: die Höhlen bei Rübeland

Hier sind die traditionellen und traditionsreichen Touristenorte zu finden – von der schönsten bis zur höchstgelegenen Harzstadt.

Goslar, trotz seiner Randlage die »heimliche Hauptstadt« des Harzes, ist als mittelalterliche Residenz der deutschen Kaiser nicht nur der geschichtsträchtigste, sondern mit seiner geschlossen erhaltenen Altstadt und der Kaiserpfalz auch der für den historisch interessierten Besucher sehenswerteste und beeindruckendste Ort im Harz.

In den höheren Gefilden des Oberharzes tragen Landschaft und Klima am deutlichsten die Züge des Mittelgebirges. Hier bilden die Städtchen **Altenau** mit Torfhaus, **Buntenbock**, **Clausthal-Zellerfeld**, **Schulenberg** und **Wildemann** die Samtgemeinde Oberharz. Ihre vielfältigen Reize und Angebote als heilklimatische Kurorte, als Paradies für Wanderfreunde und Wintersportler und als alte Stätten des Erzbergbaus inmitten einer waldreichen Hügellandschaft machen sie zu beliebten Zentren des Harztourismus. Gemeinsam werden sie von der Kurbetriebsgesellschaft »Die Oberharzer« verwaltet, wie die einen meinen, vermarktet, wie andere finden.

Wald und Wiesen soweit das Auge reicht im Nationalpark Hochharz

Altenau

■ B 2

Mit 5 000 Ferienbetten (bei 2800 Einwohnern) ist der heilklimatische Kurort Altenau das Urlauberzentrum der Region, und das heißt Freizeitzentrum mit Hallenwellenbad, Saunarium, Eissporthalle, heißt Wintersport- und Tummelplatz, heißt Heimatabende, Blaskonzerte, Tanzabende, Disco auf dem Eis sowie Kinderprogramm in den Ferien.

Daß das Bergstädtchen in den 60/70er Jahren, als der Harztourismus boomte, seinen schönsten Berg, den Glockenberg, einem Ferienpark geopfert hat, haben manche schon bald bedauert, weil die Touristenströme sich schnell neue Ziele suchten. Jetzt profitieren die Oberharzer zwar wieder vom Mangel an komfortablen Quartieren im Unterharz, der mit natürlichen Reizen nicht geizt, dennoch hätten manche gern ihren Glokkenberg wieder, dort, wo das Manhattan im Wald steht. In fünf Tälern ausgestreckt und von Bergen umgeben, liegt Altenau dennoch sehr schön. Die Okertalsperre, die einsamen Bruchbergwälder, der Ortsteil Torfhaus und der nahe Brocken sind ideale Wander- und Ausflugsziele. Torfhaus und Bruchberg gehören wegen ihrer Höhenlage außerdem zu den schneesichersten Gebieten des Oberharzes.

Seiner Lage hat Altenau ein reines Mittelgebirgsklima zu verdanken, das heißt reine Luft und intensive Sonneneinwirkung. Mit diesen Trümpfen wirbt die Stadt nun, da der Tourismus nicht mehr so boomt wie erhofft, um diejenigen, die sich eine Zweitwohnung leisten können.

Die ehemalige Bergbaustadt Altenau ist heute ein Urlaubszentrum

SEHENSWERTE ORTE UND AUSFLUGSZIELE

Hotels und andere Unterkünfte

Ferienpark Altenau
Komplett ausgestattete Apparte-
ments mit Schlafmöglichkeiten für
bis zu sechs Personen, Farb-TV mit
Satelliten-Programm. Zahlreiche Re-
staurants in der Nähe, Supermarkt,
Tanz- und Cocktailbar, Kegelcenter.
HAK-Feriendienst
Tel. 0 53 28/2 44
160 Wohnungen
Mittlere Preisklasse

Haus Machnik
Ruhiges, modernes Haus am Wald,
in der Nähe von Waldschwimmbad
und Tennisplätzen, Ski- und Rodel-
gebiet. Große Zimmer, z.T. mit Du-
sche/WC, auf Wunsch Halbpension.
Kleine Oker 9
Tel. 0 53 28/3 34
12 Zimmer
Mittlere Preisklasse

Hotel Rathaus
Fachwerkhaus mit hübschen Zim-
mern und familienfreundlichen
Appartements mit 4–5 Betten.
Restaurant, Café, Kaminbar.
Markt 3
Tel. 0 53 28/2 25
18 Zimmer
Obere Preisklasse

Sehenswertes

St. Nikolai-Kirche
Auf einem steinernen Sockel steht
ein verschalter Fachwerkbau mit
barocker Haube und Wetterfahne
aus dem 17. Jh. Ein Vorgängerbau,
der aber keinerlei Spuren hinterlassen hat, soll schon 100 Jahre früher
auf dem Glockenberg gestanden
haben und 1669 abgerissen worden
sein.

Essen und Trinken

Zum Bären
Gutbürgerliche Küche, Harzer Bau-
ernbuffett (Wurstgalgen), Brotzei-
ten, Caféterrasse, Winzerstube.
Kleine Oker 5,
Tel. 0 53 28/7 00
Tgl. 17–24 Uhr
Mittlere Preisklasse

Zum Löwen
Die Spezialitäten des Hauses sind
Steaks, herumgesprochen hat sich
aber die große Schweinshaxe mit
Sauerkraut und Salzkartoffeln.
Breite Straße 13
Tel. 0 53 28/16 98
Tgl. 10–22 Uhr
Mittlere Preisklasse

Einkaufen

Wunder in Holz
Geschnitzte Landschaften, herge-
stellt von der Schnitzerfamilie Meier
aus dem Erzgebirge, können in der
Meisterwerkstatt für Holzbildhauer-
und Drechslerarbeiten besichtigt
und auch gekauft werden.
Hüttenstr. 18
Tel. 0 53 28/4 50
Tgl. außer Di 9–12 und 14–18 Uhr

Service

Auskunft
Kurbetriebsgesellschaft
»Die Oberharzer« mbH
Schultal 5
38707 Altenau
Tel. 0 53 28/80 20

Freizeitzentrum
Eissporthalle
Tägliche Laufzeiten von Juli bis
Mitte April, mittwochs Eis-Disco,
Schlittschuhverleih.
Tel. 0 53 28/8 02 27
Erwachsene 4, Kinder 3 DM

Hallenwellenbad
Wasser 27 °C
Mo–Fr 10–20.30, Sa, So 10–18 Uhr
Erwachsene 6,50, Kinder 5 DM,
ab 18 Uhr 2,50 DM

Wanderungen
Täglich bieten alle fünf »Oberharzer«
unterschiedlich geführte Wanderungen an: Zielwanderungen, Fotowan-
derungen, geologische Wanderungen,
Wanderungen mit dem Oberförster.
Vom Ortsteil Torfhaus aus kann man
den Brocken auf dem 8,5 km langen
Goetheweg besteigen (→ Routen
und Touren).

Wintersporteinrichtungen
24 km gepflegte Loipen mit Anbindung an das obere Loipennetz (Son-
nenberg/Oderbrück/Achtermann),
30 km Skiwanderwege, 30 km Win-
terwanderwege, zwei Rodelbahnen,
drei Skilifte.
  Zu den regelmäßigen Wintersport-
veranstaltungen gehören Weih-
nachtsskispringen, Deutsche Meisterschaften und Niedersächsische
Meisterschaften für Kinder, Jugendliche und Erwachsene in den ver-
schiedensten Disziplinen.

Ausflugsziel
Schulenberg ■ B 2

Es ist das neue Schulenberg, geprägt
von der Okertalsperre, der auch der
alte Ort in den 50er Jahren zum Opfer fiel. Eine moderne Sage erzählt,
manchmal könne man den Kirchturm
des alten Dorfes im Wasser sehen.
Aber das ist Unsinn, denn das alte
Schulenberg hatte gar keine Kirche.
Mit dem **Skialpinum** (wenn Frau
Holle ruht, hilft eine Beschneiungs-
anlage) ist der ruhige Ort ein Wintersportplatz in schönster Lage mit
Abfahrtspisten, Übungshang und
zwei Doppelschleppliften.

Von Schulenberg aus kann man
auch entlang des **Okerstausees**
nach Altenau wandern. Die schöne,
14 km lange Strecke beginnt am
Parkplatz Tannenhöhe. Von da Richtung Köte, rechts über den Schlak-
kenplatz zum Ski-Alpinum. An der
Talstation abwärts bis zum Stausee.
Rechts am See entlang zur Bramke-
brücke, die überqueren und links
bergauf zum Fernwanderweg 6,
dem folgen bis zum Abstieg an der
Hauptsperrmauer. Die Mauer überqueren und weiter bis zur Vorsperr-
mauer, die überqueren. Von hier aus
ist die Rückfahrt mit dem Linienbus
möglich, oder man geht links weiter
bis Altenau.

Service

Auskunft
Kurgeschäftsstelle
Wiesenbergstr. 16
38707 Schulenberg
Tel. 0 53 29/8 48

Seefahrt im Harz
Vom Seehotel Gemkental, an der
B 498 zwischen Altenau und Schu-
lenberg gelegen, kann man mit
Kapitän Römermann täglich Rund-
fahrten , auch Kaffeefahrten, auf
dem winkeligen Okerstausee unter-
nehmen. Abends werden auch
Grillfahrten angeboten. Wer will, leiht
sich ein Boot oder ein Surfbrett.
Im Seerestaurant-Café gibt es außer-
dem einen besonderen Kinder-
Service: Eine eigene Speisen- und
Getränkekarte zum Ausmalen.
Tel. 0 53 28/17 13

Bad Grund

■ A 2

Ob Reise- oder Wanderziel, Bad Grund, das einzige Moorheilbad im Harz, ist ein Ort für Leute, die noch die Zwerge klopfen hören können. Fünf Täler mit Laub- und Nadelwäldern umgeben die älteste Harzer Bergbaustadt, und die einzige neben Sangerhausen, in der in der Grube »Hilfe Gottes« noch Zinkblende und Bleiglanz abgebaut werden. Die **Iberger Tropfsteinhöhle** gehört immer noch zu den meistbesuchten Sehenswürdigkeiten im Harz.

Das Kneipp- und Moorheilbad bietet zudem als einziges Höhlentherapien im Eisenstollen zur Linderung und Heilung von Atemwegserkrankungen und Allergien an. Sehenswert ist das historische Kleinod inmitten von Hochwäldern und weiten Wiesenlandschaften aber auch für Menschen, die nicht als Kurgäste kommen. »Arboretum« heißt eine einmalige, großzügig angelegte Parklandschaft mit blühenden Sträuchern aus aller Welt.

Man kann den Hübichenstein besteigen, ein Korallenriff aus längst vergessenen, frühgeschichtlichen Phasen der Erdgeschichte, um das sich Märchen und Sagen ranken.

Und auch nachdem mit der Wiedervereinigung Deutschlands der Hexentanzplatz in Thale wieder allen zugänglich ist, bleibt die Walpurgisfeier in Bad Grund eine der bekanntesten im Harz: Schon nachmittags bevölkern Hexen und Teufel die Straßen, und abends geht das große Festspiel über die Felsenbühne.

Bad Grund: Moorheilbad und Stadt
des Zwergenkönigs Hübich

Hotels

Kurhotel Bellevue
Harzer Giebelhaus, ruhig am Park gelegen und nur wenige Minuten vom Zentrum entfernt, mit allem Komfort ausgestattet.
Markt 13
Tel. 0 53 27/28 65 und 16 61
13 Zimmer
Untere Preisklasse

Panoramahotel Schönhofsblick
Schöne Lage und Ausblick (am Einstieg der Langlaufloipe), komfortabel, gutes Restaurant und Hotelsauna.
Tel. 0 53 27/28 88
13 Zimmer
Mittlere Preisklasse

Sehenswertes

Iberger Albertturm
Waldaussichtsturm mit herrlichem Blick bis zum Brocken, Indianerdorf für Kinder und Café-Restaurant, das von Mai bis August jeden Sonntagnachmittag Schneeballschlachten mit echtem Schnee veranstaltet.
Tel. 0 53 27/15 35
Fr geschl.

Iberger Tropfsteinhöhle
Der Kalkstock des 563 m hohen Iberges nördlich von Bad Grund ist der Rest eines Korallenriffs aus dem Devon. Die Tropfsteinhöhle haben Bergleute, die nach Eisenstein suchten, vor 450 Jahren entdeckt, und die Kurverwaltung hat sie 1874 mit Treppen und bequemen Wegen zugänglich gemacht. An regenreichen Tagen rauscht ein Höhlenbach vorbei in die Tiefen des Berges, wo der Sage nach die Zwerge des Königs Hübich hausen sollen. Zu erreichen ist die Höhle über den Parkplatz an der Harzhochstraße (B 242).

Tel. 0 53 27/15 35
April–Okt. 9–16.30, Nov., Febr., März Di–So 10–15.30, Dez.–Jan. Do und So 10–15.30,
25. Dez.–6. Jan. tgl. 10–15.30 Uhr

Märchental
Im Teufelstal, in dem ein geologischer Wanderpfad den Weg weist, stellen handgeschnitzte Figuren Märchen und Sagen dar.
Tel. 0 53 27/24 18
Mai–Okt. tgl. 10–17 Uhr

Museen

Bergbaumuseum
Das Bergbaumuseum am Knesebecker Schacht ist das einzige Museum seiner Art, das auf dem Gelände eines immer noch fördernden Erzbergwerks liegt. Wahrzeichen des Museums ist der »Zeigefinger Gottes«, der 47 m hohe stählerne Hydrokompressorturm.
Tel. 0 53 27/20 21
Führungen Mai–Okt. tgl. außer Mo 10, 11, 12, 14, 15, 16 Uhr, Nov.–Apr. Do und So 10, 11, 12, 14, 15 Uhr,
25. Dez.–6. Jan. tgl. 10, 11, 12, 14, 15 Uhr

Uhrenmuseum
In mehr als 30jähriger Arbeit haben Karin und Erwin Berger mehr als 500 funktionierende Uhren und Uhrwerke gesammelt, von der Taschenuhr bis zur tonnenschweren Turmuhr. Eine Flötenuhr, eine Harfenuhr mit Glockenspiel und verschiedene, zum Teil sehr originelle Spieluhrwerke werden den Besuchern vorgeführt.
Kurhaus
Elisabethstr. 14
Tel. 0 53 27/10 20 oder 42 96
Tgl. außer Mo 10–18 Uhr
4. Nov.–24. Dez. nur So 10–18 Uhr

Essen und Trinken

Englische Teestube
Verschiedene Teesorten, Kaffee,
leckere Kuchen und Eis.
Kelchtal 22
Tgl. 14–18 Uhr

Waldwinkel
Oberhalb von Bad Grund, mitten im
Wald, liegen Restaurant und Café
mit Waldterrasse. Der zahme Esel
begeistert vor allem die Kleinen.
Am Eichelberg
Tel. 0 53 27/12 80
Tgl. ab 12 Uhr
Mittlere Preisklasse

Service

Auskunft
Kurbetriebsgesellschaft mbH
Bad Grund
Clausthaler Str. 38
37539 Bad Grund
Tel. 0 53 27/20 21–24

Ausflugsziel
Wildemann ■ A2

Ein schöner, fast bunter Ort im **In-nerstetal** zwischen steilen Hängen und Wiesen. Der Kneipp- und Höhenluftkurort wird auch als Klein-Tirol bezeichnet. Wer bei einem Besuch im **19-Lachter-Stollen** eine der wichtigsten erhaltenen Anlagen des alten Silberbergbaus besichtigen will, muß sich warm anziehen, liegt er doch 19 Lachter (Bergmannsmaß, ein Lachter war eine Armspanne von etwa 1,90 m) tiefer als der nächst-höhere und ist immer um zehn Grad warm oder kalt. Einstündige Führun-gen ganzjährig, in der Saison täglich.

Service

Auskunft
Kurgeschäftsstelle
Bohlweg 5
38709 Wildemann
Tel. 0 53 23/61 11

Der 19-Lachter-Stollen: viel Interessantes über den Silberbergbau

Das kulturelle und wirtschaftliche Zentrum des Oberharzes mit 66 Teichen und Seen, schönen Holz- und Fachwerkhäusern und der kleinsten Technischen Universität liegt auf einem 600 Meter hohen Plateau. Deutschlands größte Holzkirche (→ Feste und Festspiele), die berühmte Mineraliensammlung der TU und viele kulturelle Veranstaltungen locken die Kur- und Feriengäste an.

Die Freie Bergstadt Zellerfeld wurde erst 1924 mit der ebenfalls Freien Bergstadt Clausthal vereinigt. Ihr barocker Schachbrettgrundriß entstand, als man sie nach einer Feuersbrunst 1671 wieder aufbaute. Das Zentrum bildete der Marktplatz rund um die St. Salvatoriskirche. Die reiche Ausstattung der repräsentativen Bürgerhäuser erzählt heute

Clausthal-Zellerfeld
■ A 2

noch von der Bedeutung der ehemaligen Bergbaustadt. Die wichtigsten Sehenswürdigkeiten erreichen Sie über die Bornhardtstraße, die von der St. Salvatoriskirche zum Eingang des Kurparks führt.

Der Besuch des Oberharzer Bergwerksmuseums ist ein »Muß«, sonst können sie zum Beispiel das »Kunstrad mit Feldgestänge und Hubsatz« am Kurpark überhaupt nicht verstehen. Auch nicht die »Fahrkunst«, die Sie beim Glockenspiel am Markt beobachten können. Aber wer wird schon eines der bedeutendsten Technikmuseen des Landes links liegen lassen?

Eine ganz andere Besonderheit bietet das nahe Buntenbock, wo Sie das Fuhrherren-Diplom (u.a. mit Pferdeäpfelweitwurf) erstehen können.

Die ganz aus Holz erbaute Marktkirche in Clausthal-Zellerfeld

SEHENSWERTE ORTE UND AUSFLUGSZIELE

Hotels und andere Unterkünfte

Hotel Kronprinz
Kinderfreundliches Haus mit gutem Restaurant.
Goslarsche Str. 20
Tel. 0 53 23/8 10 88
23 Zimmer
Obere Preisklasse

Wolfs Hotel
Gutes, komfortables Haus mit Hallenbad, Sauna und Solarium.
Goslarsche Str. 60
Tel. 0 53 23/8 10 14
30 Zimmer
Obere Preisklasse

Sehenswertes

Bergapotheke
66 geschnitzte »Fratzen« zieren im Ortsteil Zellerfeld die älteste Apotheke des Oberharzes (1674), die daher auch Fratzenapotheke genannt wird. Sehenswert sind auch die Deckenmalereien im Hausflur.
Bornhardtstr. 12

Glockenspiel
Täglich um 9.10, 12.10 und 17.35 Uhr (Fr–So auch 15.10 Uhr) setzen sich am Zellerfelder Postamt zwei geschnitzte Bergleute auf der Fahrkunst in Bewegung.
Thomas-Merten-Platz 1

Marktkirche Zum Heiligen Geist
1634 nach dem Brand des Clausthaler Vorgängerbaus aus Fichtenstämmen errichtet, mit Bleiplatten gedeckt und 1642 eingeweiht. Kunstvolle Emporen, Orgel und Altar sind im Inneren sehenswert.
Hindenburgplatz

Oberbergamt
In dem langgestreckten roten Gebäude in Clausthal, nach dem Stadtbrand von 1725 der Marktkirche gegenüber wieder aufgebaut, sind Rokokosaal und Treppenhaus sehenswert.
Hindenburgplatz 9

Museen

Oberharzer Bergwerksmuseum
Im ehemaligen Zellerfelder Rathaus ergründen jährlich etwa 100 000 Besucher im 1892 gegründeten und damit ältesten und bedeutendsten Bergwerksmuseum Niedersachsens die Entwicklung des Bergbaus und die Kultur der Bevölkerung vom Mittelalter bis zum Ende des 19. Jh.
Besonders interessant sind ein 250 m langer Besucherstollen und die »Harz-Bibliothek« mit über 5 000 Schriften und Büchern.
Bornhardtstr. 16
Tgl. 9–17 Uhr

Technische Universität
Das Hauptgebäude der Universität, entstanden aus der 1775 gegründeten Bergakademie Clausthal, beherbergt mit über 120 000 Exponaten eine der größten Mineraliensammlungen der Welt.
Adolph-Römer-Str. 2a
Mo 14–17, Di–Fr 9–12 Uhr

Essen und Trinken

Museums-Gaststätte
Gutbürgerliche Küche. Spezialität: Wild aus dem Harzer Forst.
Bornhardtstr. 16
Tel. 0 53 23/8 22 61
Tgl. 9–17 Uhr
Mittlere Preisklasse

Untermühle
Waldgaststätte im schönen Spieltal, großer Kaffeegarten. Spezialität: Wildgerichte.
Tel. 0 53 23/8 26 27
Mi geschl.
Mittlere Preisklasse

Glashütte im Kunst-handwerkerhof

Junge Künstler pflegen die alte Tradition des Glasblasens, lassen sich dabei gerne zuschauen und verkaufen Glasunikate, -bilder und -gravuren.
Bornhardtstr. 11
Tel. 0 53 23/8 36 38
Mo–Fr 9–13 und 14–18 Uhr,
Sa 9–14, So 11–17 Uhr

Auskunft

Kurgeschäftsstelle
Im alten Bahnhof
38678 Clausthal-Zellerfeld
Tel. 0 53 23/8 10 24

Ausflugsziel

Buntenbock ◼ A 3

Wald, grüne Wiesen und Ruhe und sonst nichts. Doch der kleine Luft-kurort und Wintersportplatz lockt Harzurlauber mit einer Reminiszenz aus seiner Vergangenheit als Fuhr-herrendorf: Man kann sich hier für das **Fuhrherren-Diplom** qualifizie-ren. Die Kandidaten müssen in der Lage sein, Holz zu sägen, Kühe zu melken, mit der Peitsche zu knallen, zu jodeln, Erz zu stoßen und müs-sen am Pferdeäpfelweitwurf teilneh-men. Wer das alles kann, erhält die Berechtigung, »zu Hause die Zügel in die Hand zu nehmen«.

Auskunft

Kurgeschäftsstelle Buntenbock
Alte Fuhrherrenstr. 5
38678 Buntenbock
Tel. 0 53 23/35 83

Das Oberharzer Bergwerksmuseum in Clausthal-Zellerfeld

SEHENSWERTE ORTE UND AUSFLUGSZIELE

Goslar

■ B 1

Auf einem Quadratkilometer Goslar findet man 168 Bauwerke aus dem Mittelalter und 1 000 Häuser in der Altstadt unter Denkmalschutz. Trotzdem ist Goslar kein Museum, weil 9 000 Menschen diese Altstadt bewohnen, in ihr arbeiten und Handel treiben. Die historische **Altstadt** und die **Bergwerksanlagen** am **Rammelsberg** hat die Unesco nun auch in die »Liste des Kultur- und Naturerbes der Menschheit« aufgenommen, und damit gehört Goslar zu den elf Kulturdenkmälern Deutschlands, die als besonders schützenswert gelten.

Alexander von Humboldt hat Goslar wegen seiner lückenlosen Schichtenfolge vom Erdaltertum bis zu den jüngsten Ablagerungen und vielen Bodenschätzen als klassische geologische Quadratmeile bezeichnet. Und ein sehenswertes Schmuckstück ist die Harzstadt auch denen, die ganz ohne Ehrfurcht zur Kenntnis nehmen, daß hier »die Geschichte des Abendlandes seinen Anfang nahm«.

Die Stadt am Nordrand des Harzes lebt aber nicht nur von ihrem vielfältigen kulturellen Erbe, ihre Gegenwart ist ebenso reich an kulturellem Leben, Sportveranstaltungen und Unterhaltungsangeboten.

Bei so viel historischer und kultureller Bedeutung nimmt es nicht Wunder, daß das inzwischen wieder »mitten in Deutschland« liegende Goslar zum Ziel vieler Pauschalreisen geworden ist, die die Entdeckung von Ost- und Westharz mit einschließen – im Bus oder auf »Schusters Rappen«.

Das Rathaus ist das Herzstück der einzigartigen Goslarer Altstadt

Hotels und andere Unterkünfte

Der Achtermann
Eine feine Adresse, innen wie
außen, mit kulinarischer Meile,
Kaminbar und Harztherme.
Rosentorstr. 20
Tel. 0 53 21/2 10 01
169 Zimmer
Luxusklasse

Landhaus Grauhof
Mitten im Landschaftsschutzgebiet
Grauhöfer Holz liegt ein modernes
Hotel hinter alter Fassade. Haus
Riechenberg, 1722 als Gästehaus
eines Klosters gebaut, wurde 1968
in Grauhof originalgetreu errichtet.
38644 Goslar-Grauhof
Tel. 0 53 21/8 40 01–3
30 Zimmer
Obere Preisklasse

Villa Berger
Über den Dächern der Altstadt liegt
ein traditionelles und doch komfor-
tables Haus, mit Kostbarkeiten der
Goslarer Handwerkskunst ausge-
stattet.
Oberer Triftweg 6
Tel. 0 53 21/2 16 40
13 Zimmer
Mittlere Preisklasse

Spaziergang

Die mittelalterliche Kulisse des
Marktplatzes, beliebtes Fotomotiv
aller in- und ausländischen Besucher und Herzstück der historischen Altstadt, bietet sich als
Ausgangspunkt für einen etwa ein-
stündigen Spaziergang geradezu an.
Hier beginnen auch die Führungen
»Tausend Schritte durch die Altstadt«
und »Goslar zur Dämmerstunde«,
die die Fremdenverkehrsgesellschaft
anbietet (→ Service).

Vom **Rathaus** aus dem 12. Jh.
sind nur die romanischen Rundbögen

erhalten, das spätgotische Gebäude
mit fünf Arkaden zum Markt datiert
um 1450.

Aber auch die Zeichen späterer,
und vermutlich ärmerer, Zeiten sind
abzulesen, so z.B. der Fachwerktrakt
an der Nordseite mit seinen schönen
Schnitzereien von 1560. Über eine
Freitreppe erreicht man das Obergeschoß, wo drei Kronleuchter von der
mit Sternen verzierten Holzdecke
hängen, ein gotischer Messingleuch-
ter und die beiden Kaiserleuchter,
die im 15. Jh. aus Geweihen hergestellt worden sein sollen. Hier sollten
Sie auf keinen Fall einen Blick in den
Huldigungssaal versäumen (→ Sehenswertes).

Dem Rathaus gegenüber liegt die
Kämmerei mit dem Glocken- und
Figurenspiel im Giebelhäuschen. Um
9, 12, 15 und 18 Uhr können Sie hier
die Geschichte des Erzbergbaus
sehen und hören.

Die **Kaiserworth** an der Südseite
des Marktes, heute ein Hotel, ist
1494 als Gildehaus für die Tuchhänd-
ler gebaut worden. Der Marktbrunnen aus dem 13. Jh. ist das älteste
Bauwerk auf diesem Platz und vermutlich erst nach Aufgabe der Pfalz
hier aufgestellt worden.

Die beiden unterschiedlichen Türme hinter dem Rathaus gehören
zur **Marktkirche St. Cosmas und
Damian**, einer dreischiffigen romanischen Basilika aus dem 12. Jh.
Neun spätromanische Glasmale-
reien gelten als Kostbarkeiten.

Das **Brusttuch** gegenüber dem
Westportal der Kirche im spitzen
Winkel zweier Straßen (Hoher Weg 1),
schönstes Bürgerhaus der Stadt aus
dem 16. Jh., birgt eine Kuriosität: ein
Schwimmbad unter dem Dach. Ein
breiter Bogenfries unter den oberen
Fenstern mit farbigen Schnitzereien
aus der Rennaisance zeigt Figuren
aus der antiken Mythologie, aus
Christentum und Alltag.

SEHENSWERTE ORTE UND AUSFLUGSZIELE

Geht man nach Süden weiter, liegt links die Lohmühle aus dem 16. Jh. und etwas weiter östlich das Stadtgeschichtsmuseum in einem zweigeschossigen spätgotischen Patrizierhaus.

Über Glockengießerstraße und Kaiserbleek kommt man zur Hauptattraktion Goslars, der **Kaiserpfalz**, bewacht von den Reiterstandbildern Kaiser Wilhelms I. und Friedrich Barbarossas und zwei Nachbildungen des Braunschweiger Löwen.

Wem jetzt nach Profanerem zumute ist, der bummelt zurück zum Markt, biegt dort nach Norden in die Fußgängerpassage ein und läßt sich in der Fischmäkerstraße zum Bummeln, Kaffeetrinken oder Einkaufen verleiten.

Sehenswertes

Brusttuch
Hoher Weg 1 ist die Adresse, aber das schönste Bürgerhaus, für dessen Namen es keine brauchbare Erklärung gibt, entschärft den Winkel, in dem zwei Straßen aufeinandertreffen. In den farbigen Schnitzereien ist auch die »Butterhenne« zu finden, die mittlerweile als Wahrzeichen auch auf Stadtprospekten den Besuchern ihr blankes Hinterteil zeigt. In den Innenräumen (→ Essen und Trinken) sind Schnitzwerk und Balkendecken sehenswert.

Domvorhalle
Am Kaiserbleek liegt der Rest der von Heinrich III. gestifteten Kirche St. Simon und Judas aus dem 12. Jh. Die Vorhalle der 1820–1822 abgerissenen Kirche enthält heute Teile einer einst überreichen Ausstattung. Bedeutendstes Stück ist heute der Kaiserstuhl, eine Arbeit der Bronzegießerkunst vom Ende des 11. Jh. Tgl. 10–17 Uhr

Huldigungssaal im Rathaus
Der Ratssitzungssaal ist mit farbenprächtigen Gemälden aus dem 16. Jh. geschmückt. Zu den bedeutendsten Ausstellungsstücken gehören das Evangeliar aus dem 13. Jh. und die Silberne Bergkanne, ein Meisterwerk aus dem Jahr 1477, auf dessen Deckel die Arbeitsgänge des Bergbaus dargestellt sind.
Markt 1
April–Okt. 10–17,
Nov.–März 10–16 Uhr
Erwachsene 3 DM,
Kinder/Jugendliche 1,50 DM

Kaiserpfalz mit St. Ulrichskapelle
Die romanische Pfalz aus dem 11. Jh., einer der bedeutendsten mittelalterlichen Profanbauten, präsentiert sich heute in der im 19. Jh. in zehnjähriger Arbeit restaurierten Form, und der Kaisersaal ist mit monumentalen Wandmalereien zur deutschen Geschichte ausgestattet. Mit einem Arkadengang verbunden ist die St. Ulrichskapelle aus dem 12. Jh. Im Grabdenkmal Heinrichs III. liegt in einer vergoldeten Kapsel das Herz des 1056 verstorbenen Kaisers.
Kaiserbleek 6
April–Okt. 10–17,
Nov.–März 10–16 Uhr
Erwachsene 3,50 DM,
Kinder/Jugendliche 2 DM

Siemenshaus
Im Westen der Altstadt liegt das 1693 erbaute Stammhaus der Industriellenfamilie Siemens, das größte und besterhaltene Bürgerhaus seiner Zeit in Goslar, ein zweigeschossiges Gebäude mit steilem Schieferdach. Schöne Schnitzereien schmücken Portal und Obergeschoß. Einen schönen Hof umschließen Wohnhaus, Brauhaus, Speicher und Ställe.
Schreiberstr. 12
Mo–Fr 9–13 Uhr
Eintritt frei

Brusttuch: Das Haus mit dem merkwürdigen Namen aus dem 16. Jahrhundert

SEHENSWERTE ORTE UND AUSFLUGSZIELE

Museen

Goslarer Museum – Stadtgeschichtsmuseum

Sammlungen zur mittelalterlichen und neueren Geschichte, Kunst und Kultur, Tierwelt und Geologie des Harzes mit Mineralienabteilung, Domraum, Rammelsbergraum mit Ausstellungsstücken aus der 1 000jährigen Geschichte des Erzbergwerks sowie erdgeschichtlicher Studiensammlung.
Königstr. 1
Tel. 0 53 21/70 43 59
April–Okt. 10–17,
Nov.–März 10–16 Uhr
Erwachsene 3,50 DM,
Kinder/Jugendliche 2 DM

Mönchehaus Museum für moderne Kunst

Stattliches Ackerbürgerhaus von 1528, das neben Skulpturen der Goslarer Kunstpreisträger (Kaiserring) Arbeiten internationaler Künstler, u.a. auch von Beuys und dem Österreicher Friedensreich Hundertwasser, zeigt.
Mönchestr. 3
Tel. 0 53 21/2 95 70
Di–Sa 10–13 und 15–17,
So 10–13 Uhr
Erwachsene 2,50 DM,
Kinder/Jugendliche 1,50 DM

Museum im Zwinger

Das Museum des späten Mittelalters zeigt Rüstzeug für Ritter, Musketiere und Haudegen, die Lugstube der Landsknechte und Söldner, Foltergeräte zur Bekämpfung von Hexen, Ketzern und Roßtäuschern.
Thomasstr. 2
Tel. 0 53 21/4 10 88
Di–So 9–17 Uhr
Erwachsene 2,50 DM,
Kinder/Jugendliche 1,50 DM

Musikinstrumenten- und Puppenmuseum

Fünf Ausstellungen mit Spielzeug aus mehreren Jahrhunderten.
Hoher Weg 5
Tel. 0 53 21/2 69 45
Tgl. 10–18 Uhr
Erwachsene 3 DM,
Kinder/Jugendliche 1,50 DM

Rammelsberger Bergbaumuseum

Führungen durch den Roeder-Stollen und Teile der 1 000 Jahre alten Bergwerksanlage, die bis vor wenigen Jahren noch in Betrieb war.
Bergtal 19
Tel. 0 53 21/28 91–2
Tgl. 9.30–18 Uhr
Erwachsene 6 DM,
Kinder/Jugendliche 3,50 DM

Zinnfigurenmuseum

Ein Museum, das mit seinen Figuren und Sonderausstellungen großen und kleinen Besuchern Freude macht und nicht nur an Regentagen einen Besuch wert ist.
Münzstr. 11
Tel. 0 53 21/2 58 89
Erwachsene 2,50 DM,
Kinder/Jugendliche 1,50 DM

Essen und Trinken

Das Brusttuch

Eine zeitgemäße Küche in historischen Räumen, in Goslars schönstem Bürgerhaus. Bemerkenswert aufmerksames Personal.
Hoher Weg 1
Tel. 0 53 21/2 10 81
Obere Preisklasse

Haus Gosetal

Mitten im Wald gelegen. Die Spezialität des Hauses, Forellen, kommt fangfrisch aus eigenen Teichen.
Clausthaler Str. 39
Tel. 0 53 21/2 21 04
Mittlere Preisklasse

Historisches Café am Markt
Ein bißchen wie früher, mit üblichen historischen Brüchen, aber mit Blick auf den Marktplatz und reichhaltigem Kuchenbuffet.
Markt 4
Tel. 0 53 21/2 06 22
Mittlere Preisklasse

Zwerg Hübich
Der Zwergenkönig Hübich war eigentlich in Bad Grund zu Hause, aber Harald Magerkurth hat in Goslar ein altes, fast vergessenes Fachwerkhaus in einem verwilderten Garten in ein märchenhaftes Restaurant Hübich auf drei Etagen verwandelt. Gute Küche, Spezialität Steaks mit Beilagen, französische und spanische Weine und Faßbier. Im gut besuchten Garten braucht der Gast manchmal etwas Geduld.
Siechenhof 12/Odermarktplatz
Tel. 0 53 21/1 88 88
Mittlere Preisklasse

Einkaufen

Edelstein-Truhe
Einzel- und Großhandel von Mineralien, Schmuck und Edelsteinen.
Hahnenklee
Triftstr. 40a
Tel. 0 53 21/21 32
Mo–Fr 9–18 Uhr

Studio 7 Glas
Mundgeblasenes und handgeformtes Kunstglas, Glastiere, Gebrauchsglas, Schmuck, Kerzen. Im Hof vom Großen Heiligen Kreuz.
Hoher Weg 7a
Tel. 0 53 21/2 68 29
Mo–Fr 10–18 Uhr

Am Abend

Der Harz ist keine Gegend, in der das Nachtleben zu Hause ist. Wenige große Hotels bieten Bars und manchmal auch Tanz an. Auch das Kinoangebot ist auf größere Städte beschränkt, und Theaterveranstaltungen gibt es nur gelegentlich.

Pupasch
Altstadtkneipe in historischen Räumen.
Schilderstr. 6
Tel. 0 53 21/2 96 69
Tgl. 11–2 Uhr

Tiffany
Diskothek und Bistro, nicht nur für ganz junge Nachtschwärmer.
Marktkirchhof 3
Tel. 0 53 21/2 28 86
Mi, Fr und Sa ab 22 Uhr

Service

Auskunft
Kur- und Fremdenverkehrsgesellschaft Goslar-Hahnenklee mbH
Tourist-Information
Postfach 1980
Markt 7
38640 Goslar
Tel. 0 53 21/28 46
und 28 47

Stadtrundgänge
Tausend Schritte durch die Altstadt.
Stadtführung unter kundiger Leitung.
Jan.–Dez. Mo, Mi, Sa
zusätzlich Mai–Okt. Di, Do, Fr
jeweils 10–12 Uhr
ab Tourist-Information
Goslar zur Dämmerstunde
Mai–Okt. Fr 20–22 Uhr
ab Marktbrunnen
Erwachsene und Jugendliche 5 DM,
Kinder 6–13 Jahre 4 DM

Ausflugsziele
Bad Gandersheim

Als Stadt der seit 1958 stattfindenden **Domfestspiele** ist Gandersheim
am Harzrand bekannt geworden.
Tausende besuchen jeden Sommer
die Festspiele vor der mehr als 1 000
Jahre alten **Stiftskirche St. Anasta-
sius und Innocentius**, die bis zum
16. Jh. immer wieder verändert
worden ist und daher romanische
wie gotische Spuren aufweist. Für
die Zeit der Festspiele im Juni/ Juli
gibt es attraktive Pauschalangebote.

Wissenschaftler aus aller Welt
lassen sich von Leben und Werk der
ersten deutschen, mittelalterlichen
Dichterin **Roswitha von Gandersheim** anlocken. Ihr zu Ehren wird
jedes Jahr zwei Frauen der Roswi-
tharing verliehen, einmal für die beste schauspielerische Leistung bei
den jeweiligen Domfestspielen,
das andere Mal als Literaturpreis.

Der Ort, der im 13. Jh. zur Stadt
gekürt wurde und sich seit 1932
zusätzlich mit dem Titel »Bad«
schmücken darf, lockt darüber hinaus mit sehenswerten Fachwerkhäusern, einem schönen Seekurpark
und liegt zudem auch landschaftlich
reizvoll.

Service

Auskunft
Städtische Kurverwaltung
Stiftsfreiheit 12
37581 Bad Gandersheim
Tel. 0 53 82/7 34 40–41

Domfestspiele
Kartenvorverkauf: Stiftsfreiheit 12
Tel. 0 53 82/7 34 48 und 7 34 49
(April bis Ende der Spielzeit)

Hahnenklee-
Bockswiese   ■ A 2

In 600 bis 762 m Höhe liegt der
heilklimatische Kurort Hahnenklee-
Bockswiese schon im Oberharz.
Sein Wahrzeichen ist die **Nordische
Stabkirche**, 1907/08 erbaut. Die
Grundkonstruktion ist von den Wi-
kingerschiffen übernommen, wobei
man sich das Dach als Kiel vorzu-
stellen hat. Zwölf Stäbe bestimmen
sie, die Querbalken sind ohne Nägel
gespundet und genutet.

Paul Lincke, Operettenkomponist
und Kapellmeister, verbrachte seine
letzten Lebensjahre in Hahnenklee
und ist hier auf dem Waldfriedhof
beigesetzt. Seinem Andenken wurde der Paul-Lincke-Ring gewidmet,
der alle zwei Jahre einem Komponi-
sten der heiteren Muse verliehen
wird.

Ein Rundwanderweg durch das
Spiegeltal und zurück, 11 km, Markierung blaues Kreuz, führt am Teich-
und Grabensystem für die Wasser-
räder der Bergwerksanlagen entlang.

Mit der Bocksbergseilbahn erreicht man einen 730 m hohen Aussichtspunkt über die norddeutsche
Tiefebene und zum Brocken, einen
idealen Ausgangspunkt für Wanderungen und ein Wintersportparadies.
Erwachsene 9,50 DM (eine Fahrt
6,50 DM), Kinder 6 DM (4,50 DM)

Lautenthal ■ A2

Hübsche Fachwerkhäuser, eine Barockkirche und das historische **Silberbergwerk Lautenthals Glück** machen den beliebten Ferien- und Luftkurort, 20 Autominuten von Goslar entfernt, sehenswert.

Mit der Grubenbahn kann man bis zu 250 m Tiefe in das Bergwerk fahren, das nahezu originalgetreu erhalten ist. Die historische **Terramagica Multivision** zeigt Silber- und Goldbergbau, das **Hüttenmuseum** Silberschmelzöfen. In der **Bergkapelle**, die die tiefste Deutschlands sein soll, werden heute noch Bergleute getraut.

Zwischen Lautenthal und der von Mischwald umgebenen Innerstetalsperre wurde auf einer stillgelegten Bahnstrecke abseits vom Straßenverkehr eine 5,3 km lange **Radwandermöglichkeit** ohne nennenswerte Steigungen geschaffen, die im Harz noch als einmalig gilt.

Museum

Niedersächsisches Bergbaumuseum im Silberbergwerk Lautenthals Glück
Wildemanner Str. 11
Tel. 0 53 25/44 90
Tgl. 9–12 und 14–18 Uhr

Wolfshagen ■ A1

Im **Tölletal** zwischen Innerste- und Granetalsperre ist der Klavierbauer Steinweg geboren, zuerst Kunsttischler, dann Orgelbauer, der mit seinen Söhnen 1853 in New York die längst weltberühmte Firma Steinway & Sons gründete.

An der Ecke Heinrich-Steinweg-Straße/Rohrwiese beginnen zwei Wanderwege (Markierung roter Querbalken) zur **Innerstetalsperre** (3 km) und zur **Granetalsperre** (6 km).

Die Innerstetalsperre ist für Wassersport (außer Motorboote) freigegeben, und angeln kann man hier auch. Der international bekannte Campingplatz ist ganzjährig geöffnet.

Der idyllische Ort Lautenthal am Südrand des Harz

SEHENSWERTE ORTE UND AUSFLUGSZIELE

St. Andreasberg
■ B 3

Keine Stadt im Harz liegt höher (600 bis 900 Meter), und keine Straße in Europa ist steiler als die Herrenstraße mit 22 Prozent Steigung. Wenn andere sehnsüchtig auf Schnee warten, reisen Holländer und Dänen mit Skiern nach St. Andreasberg. Hier soll im Februar 1896 das erste deutsche Winterfest mit Wettläufen auf Skiern stattgefunden haben. Die Initiatoren: Hermann Löns und der Harzclub Hannover. Für einen Rundblick lohnt die Fahrt mit dem Sessellift auf den Matthias-Schmidt-Berg – mit der 550 Meter langen Superrutsche geht es wieder hinunter ins Tal (→ Mit Kindern unterwegs).

Die Umgebung ist mit 220 Kilometern markierten Wegen und 40 Kilometern gespurter Loipen ein Paradies für Wander- und Wintersportfreunde. Außerdem gilt St. Andreasberg noch als Geheimtip für naturheilkundliche Kuren mit homöopathischen Mitteln.

Bekannt geworden ist die Stadt zwar durch den Silberbergbau, aber auch mit der Kanarienvogelzucht machte der Ort sich einen Namen.

Bergleute aus Tirol brachten ihn 1650 mit. Zuerst als Nebenerwerb, bald aber als regulärer Erwerbszweig, wurde der »Harzer Roller« zum Ernährer mancher Familie.

St. Andreasberg ist ein Paradies für Wintersportler

Hotels

Hotel Skandinavia
Ruhig gelegenes Haus im nordischen Stil, Nichtraucherzimmer, Hallenbad und im zugehörigen Restaurant Vollwertküche neben Fleisch- und Fischspezialitäten.
An der Rolle
Tel. 0 55 82/6 44
12 Zimmer
Mittlere Preisklasse

Hotel Tannhäuser
Sehr familiär und gemütlich, Sauna und Solarium.
Clausthaler Str. 2
Tel. 0 55 82/10 55
23 Zimmer
Mittlere Preisklasse

Sehenswertes

Besucherbergwerk
Aus den ehemaligen Gruben »Aufrichtigkeit« und »Scholmzeche« ist ein Stollenverband von etwa 280 m Länge entstanden. Ein großer Teil gehörte zur Grube »Aufrichtigkeit«, die vom 16. Jh. bis 1737 Kupfererze abbaute. Zwischen beiden höhengleichen Stollen wurde ein Verbindungsquerschlag aufgefahren. Ein weiterer Gang aus dem 17. Jh. wurde jetzt freigelegt und ist seit 1993 begehbar.
Führungen Di 16, Fr und Sa 15 und 16 Uhr

Silberbergwerk Grube Samson
Die Grube gilt als eine der historisch bemerkenswertesten Sehenswürdigkeiten im Harz. Nicht nur das Gebäude des Bergwerks, das von 1521–1910 in Betrieb war, kann besichtigt werden. Zu sehen sind auch die alten Erztonnen für eine Füllmenge von 1 000 kg, die Beschädigtentonne, die bei Unglücksfällen eingesetzt wurde, ein Kehrrad mit 9 m Durchmesser und ein Kunstrad zum Antrieb der einzigen in Europa noch betriebsbereiten »Fahrkunst«. Sie gilt als »international historisches Maschinenbaudenkmal« und war bei ihrer Fertigstellung 1833 eine beispielhafte Einrichtung für die Beförderung der Bergarbeiter in die Stollen und wieder herauf. Das dazugehörige Museum enthält eine umfangreiche Mineraliensammlung, eine Bergmannstube und eine Dokumentation der Tourismusentwicklung. In der Nähe der Grube sind eine Köte (Unterkunft der Köhler) und ein Meiler im Querschnitt zu sehen.
Tel. 0 55 82/12 49
Führungen Mo–Sa 11 und 14.30 Uhr
Erwachsene 2,50, Kinder 1,50 DM

Essen und Trinken

Gasthaus Oderbrück
Oderbrück, 781 m hoch gelegen, ist Ausgangspunkt für verschiedene Wanderungen, aber auch der Ort, wo man sich im Café-Garten »Oderbrücker Schneeball« servieren lassen kann. Das ist ein luftig-lockerer Brandteig, gefüllt mit Vanilleeis, Sauerkirschen und Schlagsahne. Für Abendbesucher empfehlen sich Hirschkalbsroulade oder frische Forellen.
St. Andreasberg-Oderbrück,
an der B 4
Tgl. ab 12 Uhr
Mittlere Preisklasse

Service

Auskunft
Städtisches Kur- und Verkehrsamt
Am Glockenberg 12
37444 St. Andreasberg
Tel. 0 55 82/8 03 36

OPTEN
2

Zum Schutz der einzigartigen Pflanzen-
welt rund um den Brocken
wurde ein 6 000 Hektar großes Gebiet
als »Nationalpark Hochharz«
ausgewiesen.

m Ostharz erinnern idyllische Örtchen an die fernere und nähere deutsche Vergangenheit, und schattige Buchenwälder laden ein, seine sanfte Hügellandschaft zu erwandern.

Bis zur Rappbodetalsperre im Westen erstreckt sich südlich von Quedlinburg ein lieblicheres Gebirge als auf der anderen Seite des Brocken, die Höhen übersteigen selten 400 Meter, die Flußtäler sind flacher und Laubbäume überwiegen. Die Städte im Unterharz leben schon seit etwa 100 Jahren vom Fremdenverkehr und waren die letzten 40 Jahre im festen Griff des staatlichen Touristikmanagements.

Geld gab es nur für das Nötigste, und den meisten Orten ist das noch anzusehen. Aber vieles hat sich schon verändert und verändert sich weiter. Aber ruhig geht es weiterhin zu. Die erste Neugier der »Wessis« hat nachgelassen, sicher auch zum Kummer mancher Pensionsbesitzer, die ihre Häuser mit zum Teil erheblichem Aufwand renoviert haben, um sie den gestiegenen Anforderungen anzupassen.

Bizarr geformtes Naturdenkmal: die Teufelsmauer bei Blankenburg

Blankenburg

■ E 2

Am Nordrand des Mittelharzes liegt das über 750 Jahre alte Blankenburg, das Ende des 17. Jahrhunderts den Herzögen von Braunschweig-Wolfenbüttel als Residenz diente. Eine Nachbildung des Braunschweiger Löwen vor dem Kleinen Schloß zeugt davon ebenso wie das Wappen des Herzogs von Braunschweig am Rathaus.

Zu den berühmtesten »Asylbewerbern«, die 1796 als Revolutionsflüchtlinge aus Frankreich kamen und sich hier ansiedelten, gehörte der spätere König Ludwig XVIII.

Das Teufelsbad

Im 19. Jahrhundert begann der Kurbetrieb im heutigen Moor- oder auch Teufelsbad. Das Stadtzentrum wurde im Zweiten Weltkrieg erheblich zerstört und ist heute weitgehend neu gestaltet. Das Schloß, vom Wolfenbütteler Landesbaumeister Hermann Korb 1705–1718 auf »blankem Berg« errichtet, beherbergt eine Fachschule und ist der Öffentlichkeit nicht zugänglich. Über den Harz hinaus bekannt sind die Veranstaltungen »Blankenburger Sommer« und die Blankenburger Musiktage im Kloster Michaelstein.

Der Blankenburger Schloßpark mit seinem herrlichen alten Baumbestand ist ebenfalls einen Besuch wert.

Ausgedehnte Wälder laden zu bequemen Spaziergängen auf gepflegten Wegen ein, ideal für diejenigen, die das Klettern leid sind.

DER BESONDERE TIP

Auch zur **Teufelsmauer,** einem 8 km langen Klippenkamm aus Sandstein, dessen bizarre Felsgebilde Höhen bis zu 320 m erreichen, ist es ein nur 4 km langer Spaziergang. Vom Kleinen Schloß in Blankenburg folgt man dem blauen Punkt über den Schnappelberg. Schon 1852 wurde das Gebiet unter Naturschutz gestellt, weil dort eine Fülle von Versteinerungen, Reste ausgestorbener Meerestiere und Skelettreste eines Sauriers gefunden wurden. Auf der »Hammelwiese« wachsen Orchideen (Knabenkraut) und fleischfressende Pflanzen (Sonnentau). ■ E 2

Hotels und andere Unterkünfte

Ferienpark Birkental

Im Goldbachtal, nahe der Burgruine Regenstein (B 6/81), liegen Bungalows, Ferienwohnungen und die historische Birkentalmühle, in der auch Ein- und Zweibettzimmer vermietet werden. Zimmer mit Etagen-WC, Bungalows und Ferienwohnungen mit Dusche bzw. Bad.
Birkental
Tel. 0 39 44/32 43 und 25 65
50 Zimmer
Untere Preisklasse

Hotelpension An der Teufelsmauer

Kleines, freundliches Haus, einige Zimmer mit Dusche und WC, sonst Etagendusche, zehn Minuten vom Zentrum.
Timmenröder Str. 2
Tel. 0 39 44/41 00
10 Zimmer
Mittlere Preisklasse

Kurhotel Fürstenhof

Renoviertes Haus im Zentrum, Zimmer mit Bad oder Dusche und WC ausgestattet, Farb-TV, Radio und Telefon.
Mauerstr. 9
Tel. 0 39 44/26 83
44 Zimmer
Obere Preisklasse

Sehenswertes

Burgruine Regenstein

Wer dem mit einem grünen Punkt markierten Wanderweg vom Kleinen Schloß zum Bahnhof und weiter nach Norden folgt, erreicht nach 3 km die Burgruine auf einem 296 m hohen Sandsteinfelsen (mit dem Auto 3 km Richtung Wernigerode) und hat einen herrlichen Ausblick auf das Harzvorland. Das genaue Alter der Burg ist umstritten, aber nach dem ersten urkundlichen Nachweis von 1162 teilte Graf Poppo von Blankenburg den Besitz für seine Söhne auf, der eine bekam Blankenburg, der andere Regenstein. Zur Sommersonnenwende, am 21. Juni, kann man durch eine Öffnung im Burgverlies den Sonnenaufgang beobachten.
Tel. 0 39 44/24 95
Sommer 9–18 Uhr,
Winter Mi–So 9–17 Uhr

Kloster Michaelstein

Drei Kilometer von Blankenburg entfernt, auch gut zu Fuß über den mit einem blauen Punkt markierten Wanderweg (am Rathaus rechts die Tränkerstr. hinunter, am Sportplatz links in die Michaelsteinerstr. bis Oesig und der Ausschilderung folgen) erreichbar, liegt das ehemalige Zisterzienserkloster aus dem 12. und 13. Jh. Hinter der heutigen Bogenmauer, an der Nordseite des Klosters, stand die romanische Kirche, die im Bauernkrieg zerstört worden ist. Andere Klostergebäude sind in ihrem ursprünglichen Zustand erhalten.

Das Telemann-Kammerorchester Sachsen-Anhalt (mit Institut zur Aufführungspraxis und Forschungszentrum) hat hier seinen Sitz und bietet das ganze Jahr über Konzerte im Refektorium an. Außerdem finden hier Tagungen und Symposien statt; die Restaurierungswerkstatt verfügt über ein eigenes Gästehaus.

Das Klostercafé, das Musikinstrumentenmuseum, Klosterkapelle und der Kräutergarten sind Mi–So 14–17 Uhr geöffnet. Ganz in der Nähe befindet sich der Volkmarskeller, eine interessante Kalksteinhöhle.
Tel. 0 39 44/27 95

Museen

Heimatmuseum
Im Kleinen Schloß von 1725, das einst als Gästehaus und Speisesaal diente, informiert heute das Heimatmuseum über die Geschichte der Stadt und der nahegelegenen Rappbodetalsperre.
Tel. 03944/2658
Di–Sa 10–17, So 14–17 Uhr

Herbergsmuseum
In dieser Gesellenherberge aus dem 19. Jh. nächtigte 1894 auch der Tischlergeselle Wilhelm Pieck. Noch heute klopfen in der Museumsgaststätte fahrende Gesellen an und bitten um ein Zubrot.
Bergstr. 15
Tel. 03944/2557
Mo–Fr 9–17 Uhr

Essen und Trinken

Am Rathaus
Freundliche Bedienung, Wildspezialitäten.
Markt
Tel. 03944/2614
Untere Preisklasse

Einkaufen

Töpferei Uwe Schellbach
Im Zentrum Blankenburgs, neben dem Markt, zaubert **Uwe Schellbach** in seiner Töpferei dünnwandige **Vasen** in klaren, einfachen Formen mit einmaligen Farbmustern durch besondere Glasurtechniken. Der Blankenburger, seit 1981 selbständig, bezieht seinen Ton im Rohzustand von der Tongrube und macht ihn selbst zu verwendbarem Töpferton.
Harzstr. 5a
Mo–Fr 10–18 Uhr

Service

Auskunft
Kurverwaltung Blankenburg
Tränkestr. 1
38889 Blankenburg
Tel. 03944/2898
Mo–Fr 9–13 und 14–18 Uhr

Ausflugsziele

Halberstadt ■ E 1

Eins der zahlreichen »Tore zum Harz«, im April 1945 zu 80% in Schutt und Asche gelegt, lohnt den Besuch dennoch wegen seiner vielen kulturhistorischen Baudenkmäler. Der Dom St. Stephanus gilt als Juwel gotischer Kathedralarchitektur. Wahrzeichen der Stadt ist die Martinikirche, wo in der Südwestecke der Turmfassade der über 500 Jahre alte Roland von Halberstadt steht.

Das Vogelkundemuseum »Heineanum« zählt zu den bedeutendsten ornithologischen Museen Deutschlands.

Rappbodetalsperre ■ D 3

Der größte Stausee im Harz, zugleich die höchste Trinkwassertalsperre in Deutschland, kriecht wie eine riesige Raupe durch die Landschaft. Vom Parkplatz auf der Rübeländer Seite führt ein ausgeschilderter kurzer Aufstieg über einen Lehrpfad zu der Aussichtsplattform oberhalb der großen Staumauer, von der man den schönsten Blick über den 8 km langen See hat.

Quedlinburg

■ E 2/F 2

Mit mehr als 1 000 Fachwerkhäusern, von denen 330 unter Denkmalschutz stehen, ist Quedlinburg neben Goslar die bauhistorisch und historisch bedeutendste Stadt im Harz.

Obwohl sie als Flächendenkmal noch zu DDR-Zeiten zusätzlich unter Schutz gestellt wurde, wird es wohl dauern, bis Feriengäste sie ohne Gerüste um manches erhaltenswerte Bauwerk erleben und die Lücken jahrelangen Verfalls beseitigt sind. Zwar war zu Beginn der 80er Jahre geplant, den gesamten Stadtkern von den Polnischen Staatlichen Werkstätten für Denkmalpflege restaurieren zu lassen, aber dann war es den Verantwortlichen wohl doch zu teuer.

Wie Goslar beansprucht auch Quedlinburg, daß hier die eigentliche Geschichte der Deutschen begann, und zwar mit Herrn Heinrich, der am Vogelherd saß, als, so will es die Legende, Boten dem Herzog im Mai 919 die Nachricht überbrachten, er sei nun König. Der Platz, an dem der Fürst die Finken fing, ist zu besichtigen.

Über 1 000 Jahre später erregte ein anderes Ereignis große Aufmerksamkeit weit über die Stadtgrenzen hinaus: Die Rückkehr des Quedlinburger Domschatzes, der 50 Jahre lang verschwunden war. Der texanische Offizier Joe Meador hatte die Kostbarkeiten bei Kriegsende gestohlen und per Feldpost in seine Heimat geschickt.

Im Zentrum der Stadt steht der Brunnen mit den Münzenberger Musikanten

Hotels und andere Unterkünfte

Wer mit dem Auto unterwegs ist, sollte sich auch in den umliegenden Orten umsehen. Die Zahl der Unterkünfte ist noch begrenzt. Ferienwohnungen und Privatquartiere (von 25–30 DM) vermittelt die
Quedlinburg-Information
Markt 2
Tel. 0 39 46/28 66 und 26 33
Mo–Fr 9–18, Mai–Sept.
auch Sa/So 10–15 Uhr

Zum Bär
Ein schönes altes Haus, direkt am Markt gelegen.
Markt 8
Tel. 0 39 46/22 24
18 Zimmer
Mittlere Preisklasse

Motel Quedlinburg
Immer noch die komfortabelste Unterkunft, aber auch die modernste für die, denen das Bad wichtiger ist als die Atmosphäre.
Wipertistr. 9
Tel. 0 39 46/28 55
51 Zimmer
Obere Preisklasse

Spaziergang

Um die Stadt zu erkunden, bedarf es eigentlich mehrerer Spaziergänge. Aber in einer Stunde läßt sich die historische **Altstadt** um den **Markt** kennenlernen, und vieles wird der Besucher sehen, wenn er entfernter liegende Sehenswürdigkeiten aufsucht.

Das große und schöne Fachwerkensemble mit den Münzenberger Musikanten, einem 1979 geschaffenen Brunnen, ist zweifellos Mittel- und Treffpunkt der Stadt. Das **Rathaus** aus dem 14. Jh. erhielt seine heutige Gestalt und das Renaissanceportal bei einem Umbau 1616.

Schöne geschnitzte Barocktüren führen in den Bürgersaal. Der steinerne **Roland** links vor dem Rathaus, Symbol städtischer Gerichtsbarkeit, ist mit 2,75 m die kleinste aller erhaltenen Rolandfiguren. Nach einem fehlgeschlagenen Stadtaufstand wurde er 1477 gestürzt und erst 1869 wieder aufgestellt.

Die Toreinfahrt des **Grünhagenhauses** neben dem Rathaus, repräsentativer Barockbau einer Kaufmannsfamilie, schmückt eine farbig gestaltete Decke, und Rokokotüren führen in die Seitenflügel. Aus dem Barock datieren auch die Ratswaage am Kornmarkt und das Gebäude des ehemaligen **Kammergerichts**, das polnische Restauratoren wiederhergestellt haben, ebenso wie das Renaissancegebäude **Kunsthoken** in der Marktstraße 2. Die Marktkirche **St. Benedikt** hinter dem Rathaus, ein gotischer Hallenbau, ist die größte Pfarrkirche der Altstadt.

Die gegenüberliegende Häuserzeile Marktkirchhof 5–10 bilden Fachwerkbauten aus vier Jahrhunderten. Den **Schuhhof**, ein spätmittelalterliches Handwerkerquartier, erreicht man durch einen schmalen Durchgang am Innungshaus der Schuhmacher, geht weiter über die Hölle zum **Hoken**, einer kleinen Gasse, in der die Marktfrauen früher das Gemüse verhökerten, und kann sich an schönen Fachwerkzeilen erfreuen.

Am südwestlichen Ende des Marktes steht die **Pfarrkirche St. Blasii** an der Einmündung Blasiistr. und gegenüber, in der Wordgasse 3, der älteste Profanbau der Stadt aus dem 14. Jh., in dem 1976 ein **Fachwerkbaumuseum** eingerichtet wurde (→ Museen).

Über die Hohe Straße kommt man zur Altetopfstr., überquert sie und steigt zum **Schloß** auf. Dabei kommt man zunächst zum **Finkenherd**. Bei diesen Fachwerkhäusern soll der

Sachsenherzog Heinrich von seiner Wahl zum König überrascht worden sein, aber damals lag der Platz noch im Wald. Heute ist in einem Fachwerkhaus aus dem 17. Jh. die Feininger-Galerie (→ Museen) untergebracht. Gegenüber, am Fluß des Schloßberges, im Geburtshaus Friedrich Gottlieb Klopstocks aus dem 16. Jh., das Klopstockmuseum (→ Museen).

Dahinter beginnt schon der kurze, steile Kopfsteinpflasterweg hinauf zum Schloß.

Sehenswertes

Klosterkirche St. Wiperti

Um 840 schon entstand hier eine Missionsstation mit einer ersten kleinen Kapelle auf dem Gelände des ehemaligen Klosters, das von einem Arm der Bode beschützt wurde.

Eine Kirche wurde hier zum ersten Mal 964 erwähnt. Das Kloster St. Wigbert bewirtschaftete das Gebiet bis zum 14. Jh., und als Graf Albrecht von Regenstein von Wiperti aus die Stadt bedrängte, stürmten erboste Bürger das Kloster und zerstörten die Kirche. Sie wurde zwar wieder hergerichtet, aber während Reformation und Bauernkriegen total zerstört. St. Wiperti verfiel, diente ab 1816 als Scheune und Milchkeller und wurde erst 1955/56 rekonstruiert und der katholischen Gemeinde übergeben. Das romanische Portal stammt von der Klosterkirche St. Marien auf dem Münzenberg. Die sehenswerte Krypta von 1020 ist eine dreischiffige Halle mit Tonnengewölbe.
Neuendorf 7

Mittelalterliche Neustadt

Ein Rundgang empfiehlt sich vom **Mathildenbrunnen** aus, dem ehemaligen Marktplatz der Neustadt, von da an Richtung Pölkenstr., an schönen Fachwerkhäusern vorbei zur Kaiserstr. Hinter der Mauer entlang an der Befestigungsanlage mit Wachttürmen zur Mauerstr., durch die enge Gasse rechts in die Ballstr., die auf den Steinweg mündet. Nr. 33 ist eins der schönsten und höchsten Häuser der Stadt, Nr. 51 gegenüber das Geburtshaus der ersten deutschen Ärztin Dorothea Christiane Erxleben.

Links den Steinweg entlang, kommt man an typischen Ackerbürgerhäusern mit weiten Hofgeländen vorbei. An der Ecke Reichenstr./ Steinweg 23 steht das ehemalige Gasthaus zur Börse, 1683 erbaut und das letzte bedeutende Fachwerkhaus der Stadt.

Schloß

Als Schloß wurden die Wohn- und Repräsentationsbauten des Stiftes aus dem 16. und 17. Jh. bezeichnet. Von einer gotischen Mauer umgeben, gruppieren sie sich an der Nord- und Westseite um die mächtige, alles überragende Stiftskirche **St. Servatius**. Die Stuckdecke des Thronsaals im Renaissancestil war Vorbild für den Weißen Saal des Berliner Schlosses. Paradiesvögel unter Baldachinen schmücken die Decke des Speisesaals. Vom östlichen Innenhof, dem heutigen Schloßgarten mit Restaurant, mit Blumenrabatten und kleinem Brunnen, hat man einen wunderschönen Blick über die Dächer der Stadt.

Die Stiftskirche St. Servatius hatte eine Vorläuferin aus dem 9. Jh., eine kleine Basilika, die zur Grabkirche erweitert wurde, in der Heinrich I. 936 beigesetzt wurde. Seine Witwe Mathilde ließ sie zur Stiftskirche umbauen, aber erst Heinrichs Enkelin, die Äbtissin Mathilde, ließ einen Neubau in der heutigen Größe errichten. 1070 fielen alle Gebäude einem Brand zum Opfer, ein Neubau, 1129 geweiht, wurde mehrfach umgebaut. Die letzte umfassende Instandsetzung erfolgte 1959, eine weitere 1992.

Im September 1993 wurde die Rückkehr des Quedlinburger Domschatzes mit großem Festakt und Gottesdienst gefeiert und auf einer großen Multimediawand auf dem Marktplatz für die feiernde Bevölkerung übertragen. Die bedeutendsten sakralen Kostbarkeiten Deutschlands, die nun wieder zu besichtigen sind, wurden für stolze 6 Millionen DM rückgeführt. Ein texanischer Offizier hatte sie 1945 gestohlen und nach Hause geschickt. Zu den Schätzen gehören ein Elfenbeinkamm von König Heinrich I., ein Reliquienkasten von Kaiser Otto und das in Gold getriebene Samuel-Evangeliar.
Schloßberg 1
Tel. 0 39 46/27 30
Mai–Sept. Di–So 10–18,
Okt.–April Di–So 10–17 Uhr
Führungen St. Servatius
Mai–Okt. Di–Sa 10–12 und 13–16, So, Mo 13–16 Uhr, Nov.–April Di–Sa 11 und 14, So 14 Uhr

Museen

Fachwerkmuseum im Ständerbau
Hier wird die historische Entwicklung des Ständerbaus gezeigt, der ältesten Fachwerkbauweise, bei der die tragenden Wände aus senkrechten Holzstützen bestehen.
Wordgasse 3
Tel. 0 39 46/38 28
Mai–Sept. 10–17 Uhr, Do geschl.
Eintritt 1 DM

Klopstock-Museum
Zu Klopstocks 250. Geburtstag 1974 eingerichtet, zeigt das Museum Dokumente von Leben und Werk des Dichters. Möbel und Kleinkunst geben einen Einblick in die bürgerliche Wohnkultur seiner Zeit.
Schloßberg 12
Tel. 0 39 46/26 10
Mai–Sept. Mi–So 10–18,
Okt.–April Mi–So 10–17 Uhr
Eintritt 1 DM

Lionel-Feininger-Galerie
Bei seiner Emigration vor den Nationalsozialisten hat der deutsch-amerikanische Avantgardemaler einen großen Teil seiner Arbeiten einem Freund zur Aufbewahrung anvertraut. Zwar forderten die Erben vieles zurück, aus dem Rest aber wurde der Grundstock für eine Galerie.
Finkenherd 5a
Tel. 0 39 46/22 38
April–Okt. Di–So 10–12 und 13–18, Okt.–März Di–So 10–12 und 13–17 Uhr
Erwachsene 3 DM,
Schüler/Studenten 1 DM

Schloßmuseum
Hier findet man neben Gemälden italienischer und holländischer Meister aus dem 16. und 17. Jh. Sammlungen zur Ur- und Frühgeschichte, zu Handwerk, Kultur und Arbeiterbewegung Quedlinburgs.
Schloßberg 1
Tel. 0 39 46/27 30
Mai–Sept. Di–So 10–18,
Okt.–April Di–So 10–17 Uhr
Eintritt 2,50 DM

Essen und Trinken

Café Am Finkenherd
Hübsches Café gegenüber der Feininger-Galerie am Schloß.
Schloßberg 15
Tel. 0 39 46/38 41

SEHENSWERTE ORTE UND AUSFLUGSZIELE

Schloßkrug am Dom
Zu Füßen der Stiftskirche und im
Schloßgarten gelegen mit einer
Terrasse, die im Sommer einen
weiten Blick auf die vielen Türme
der Stadt erlaubt.
Schloßberg 1
Tel. 0 39 46/28 38
Mittlere Preisklasse

Service

Auskunft
Quedlinburg-Information und
Fremdenverkehrsamt
Markt 12
Tel. 0 39 46/28 66
Mai–Sept. Mo–Fr 9–18,
Sa, So 10–15 Uhr

Ausflugsziele

Ballenstedt ■ F 3

Das schön gelegene Städtchen,
15 km südöstlich von Quedlinburg
am Rande des Unterharzes, durch-
fahren viele nur auf dem Weg zur
Burg Falkenstein. Es lohnt jedoch
einen Besuch, bei dem man den
rekonstruierten Altstadtkern mit historischen Gebäuden besichtigen
kann, die Reste der mittelalterlichen
Stadtmauer und hoch über der
Stadt das barocke Schloß mit seinem
Schloßgarten, einer Schöpfung Peter
Joseph Lennés.

Fährt man von Ballenstedt in
Richtung Gernrode, liegt links auf
dem Berg die märchenhafte **Roseburg**, ein Produkt der Jahrhundertwende, wenn auch auf dem Grund
einer sehr alten Burg.

Hinter einer 1 600 m langen Stein-
mauer hat der Berliner Architekt
Sehring Turm und Zinnen, Wehrgang
und Wasserspiele gebaut. Bis 1983
hat der Kulturbund der DDR die
Roseburg genutzt, dann wurde sie
Ferieneinrichtung, jetzt kann man in

der 20-Betten-Pension auch wieder
übernachten.
Tel. 03 94 83/88 24

Burg Falkenstein ■ F 3

Sie gilt als eine der schönsten und
besterhaltenen Burgen des ganzen
Harzes. Zwischen dem 12. und
16. Jh. entstanden, niemals erobert
oder zerstört, liegt sie auf einer
nur 134 m hohen Bergkuppe
über dem Selketal. Sie beherbergt heute in gut erhaltenen und
renovierten Räumen ein **Museum
für Kultur- und Jagdgeschichte**.
Vom Turm hat man einen wunderschönen Rundblick. Autofahrer müssen ihre Fahrzeuge auf dem großen
Parkplatz am Gasthaus »Zum Falken«
abstellen und die letzten 1,3 km zu
Fuß gehen.

Vor der Burg erinnert ein Gedenk-
stein an Eike von Repkow, dessen
1230 hier verfaßter Sachsenspiegel
als erstes umfassendes Gesetzbuch
teilweise bis ins 19. Jh. als Grund-
lage der Rechtsprechung galt.
Tel. 03 47 43/81 35
Di–Fr 9–17, Sa, So 9–18 Uhr
Erwachsene 5 DM,
Kinder/Jugendliche 2,50 DM

TOP TEN 9

Harzgerode ■ F 4

Im Zentrum des Unterharzes liegt
das 1 000 Jahre alte Städtchen mit
malerischen Fachwerkhäusern und
einem schönen bunten Rathaus.
Zu dem Ort gehören auch die Orts-
teile **Alexisbad** (eines der ältesten
Harzbäder), **Mägdesprung** und **Sil-
berhütte**. Von Mägdeburg führt eine
der schönsten Wanderstrecken durch
das Selketal zur Burg Falkenstein.

Burg Falkenstein: niemals erobert und daher sehr gut erhalten

Thale
■ E3

Mindestens drei Gründe gibt es, nach Thale zu fahren: um eine Wanderung ins Bodetal zu beginnen, den Hexentanzplatz und darunter das Harzer Bergtheater mit 1 400 Plätzen zu besuchen, das vom Frühjahr bis zum Spätsommer von Quedlinburger Bühnen und dem Musiktheater Halberstadt bespielt wird, sowie die Roßtrappe. Und da viele diese drei Gründe locken, ist der Andrang entsprechend groß. Vor allem in den Sommer- und Herbstferien scheint mancher Wanderweg von einem Demonstrationszug besetzt. Wenn in der Walpurgisnacht (→ Feste und Festspiele) auf dem Hexentanzplatz gefeiert wird, dann ist es schon verteufelt eng.

Im Bodetal haben sich im Laufe der Jahrtausende Fomen gebildet, die man sonst im Harz kaum findet. Steile Zackengebilde und Felswände lassen die Naturkräfte, die hier gewirkt haben, erahnen.

Das Naturschutzgebiet Bodetal, das so viele Wanderer anlockt, ist von waldbedeckten Felswänden, kahlen Hanghalden und steilen Schluchten eingeschlossen.

Der Wanderweg von Thale nach Treseburg, vor allem in den Herbstferien völlig überfüllt, folgt dem Flußlauf und zeigt eine Fülle von Pflanzen und, immer seltener, Tieren. Was Fontane, Eichendorff und Goethe beschrieben, läßt sich kaum noch erleben.

Heute schwebt man nicht auf dem Besen, sondern in der Gondel zum Hexentanzplatz

Sehenswertes

Hexentanzplatz
Der Friedenspark am Bahnhof ist Ausgangspunkt für alle Unternehmungen. Zwischen steilen Felswänden hinter dem Park beginnt der Eingang ins Bodetal (→ Routen und Touren), und hier findet man auch die Talstation für die Personenschwebebahn, die die Besucher in vier Minuten zum 454 m hoch gelegenen Hexentanzplatz bringt. Man kann den 5 km langen, steilen Aufstieg jedoch auch zu Fuß auf einem gut beschilderten Weg hier beginnen. Der Hexentanzplatz, ein Felsplateau, ist eine Kultstätte germanischer Stämme. Ein Opferstein mit Runenzeichen, der Anfang des Jahrhunderts hier gefunden wurde, ist jetzt im Vorraum der Walpurgishalle zu besichtigen. Die hat derselbe Berliner Architekt Sehring gebaut, dem die Roseburg bei Ballenstedt zu verdanken ist, und ihre Schönheit ist umstritten.

Im **Tierpark** sind fast alle heimischen Tiere versammelt, und der Blick auf das Theater am Steilhang und über das Land ist wunderschön. Tgl. 10–17 Uhr

Personenschwebebahn
Sommer 9–18 Uhr,
Winter 10–17 Uhr
Rückfahrkarte Erwachsene 6 DM, Kinder 4 DM

Roßtrappe
Die Roßtrappe, 403 m hoch und dem Hexentanzplatz gegenüber gelegen, erreicht man entweder in 5 Min. mit dem Sessellift oder über den 4 km langen, steilen Präsidentenweg. Der Sage nach floh Brunhilde vor dem Ritter Bode (der der Bode den Namen gab) zu Pferde vom Hexentanzplatz über den gefährlichen Abgrund – erfolgreich, der Hufabdruck bzw. die Roßtrappe ist heute noch zu sehen.

Service

Auskunft
Thale-Information
06502 Thale
Tel. 0 39 47/25 97

Ausflugsziele

Altenbrak ■ E 3

Wenige km stromaufwärts liegt der hübsche Luftkurort Altenbrak, der sich »Perle des Bodetals« nennt, ebenfalls mit einer Waldbühne.

Höhepunkt der jährlichen Veranstaltungen, die im Juni beginnen, ist der **Jodlerwettstreit** am ersten Sonntag im September. Altenbrak ist auch ein günstiger Ausgangsort für Skilangläufer.

Service

Auskunft
Kurverwaltung
Sankt Ritter 17
38339 Altenbrak
Tel. 0 39 45/62 06

Gernrode ■ F 3

Idyllisch über mehrere Hügel verstreut, liegt das malerische Städtchen 9 km südöstlich von Thale. Hier beginnt die **Selketalbahn** (→ Routen und Touren). Aber die gigantische Stiftskirche **St. Cyriakus** auf einer Anhöhe, der Kaiserin Theophano zugeschrieben, die sich 973 und 978 in Quedlinburg aufgehalten hat, lockt als eines der schönsten erhaltenen Beispiele ottonischer Baukunst die meisten kulturhistorisch interessierten Besucher an. Die Ostkrypta ist der älteste Teil, berühmt das um 1080 entstandene Heilige Grab im südlichen Seitenschiff. Tgl. 15 Uhr Führung mit freier Besichtigung bis 16 Uhr

Mittelpunkt der Stadt Gernrode ist
die imponierende St. Cyriakus
Stiftskirche, ein Musterbeispiel
ottonischer Baukunst

Der Südharz gilt als Sonnenseite des Harzes, das Klima ist hier milder und verläßlicher, die Gegend ländlicher, die Orte sind kleiner und ruhiger.

Die Täler sind lieblicher, das Klima milder, die dunklen Fichtenwälder des Nord- und Nordwestharzes weichen Mischwäldern und schließlich hellen Läubwäldern. 1906 wurde das Mufflon, das kleinste Wildschaf, das in Sardinien und Korsika zu Hause ist, im Gebiet zwischen Selke und Ecker heimisch. Füchse, Dachse, Edel- und Steinmarder, rote und graue Eichhörnchen kann man hier beobachten. Stein- und Fischadler finden in den Gewässern reichlich Beute, und Wanderer hören die Rufe von Pirol, Specht und Eisvogel. Und noch etwas unterscheidet den Unter- und Südharz vom Hochharz: Seine Flüsse münden in die Saale, einen Nebenfluß der Elbe, die des Oberharzes dagegen in Leine und Aller, Nebenflüsse der Weser. Das Gebirge senkt sich ganz allmählich und endet schließlich bei 300 Metern Höhe in der Goldenen Aue, die vom Kyffhäusergebirge begrenzt wird.

Das vom Europarat zur »Historischen Europastadt« ernannte Stolberg

Bad Lauterberg

■ B 4

Bunte Fachwerkhäuser in der Altstadt, bewirtschaftete Aussichtspunkte über steilen Berghängen, ein umfangreiches Unterhaltungsprogramm und Sportangebote im Sommer wie im Winter – das ist das größte und bekannteste Kneippbad Norddeutschlands in der Nähe des Oderstausees. Von hier aus sind Wanderungen zu den schönsten Zielen des Südharzes möglich; Heilkräuterwanderungen und Wanderungen zum Kennenlernen von Vogelstimmen finden unter sachkundiger Führung statt. Im Winter sind Langlaufloipen und Abfahrtstrecken nahe, ebenso eine Natureisbahn im Wiesenbektal, und außerdem werden Pferdeschlittenfahrten angeboten. Eisvogel und Forelle sind hier heimisch, und beide sind bekannt dafür, sehr wählerisch zu sein. Es riecht nach Wald und sensible Nasen erschnuppern im Sommer auch den Duft von Walderdbeeren.

Hütten, Gruben und Zechen mit klangvollen Namen wie »Wolkenhügel« und »Königshütte« haben Spuren hinterlassen. Ein weitverzweigtes Grabensystem, das Quell- und Oberflächenwasser für die Gruben kanalisierte, ließ unterirdische Wasserläufe entstehen.

Die schnurgeraden Wanderwege, auf denen man kilometerweit ohne jede Steigung laufen kann, sind Überbleibsel, die noch auf vergangene Bergbauzeiten hinweisen.

Bad Lauterberg: Heilbad und Kurort
mit Bergbauvergangenheit

Hotels

Kurhotel Wiesenbeker Teich
Freundliches, komfortables Haus
mittlerer Größe am Wasser mit
französischem Restaurant, tgl. Tanz
und Konzert, Sauna, Hallenbad und
Schönheitsfarm.
Wiesenbek 75
Tel. 0 55 24/29 94 und 29 95
33 Zimmer
Mittlere Preisklasse

St. Hubertusklause
In ruhiger Lage, direkt am Wald, mit
medizinischer und Badeabteilung.
Wiesenbek 16
Tel. 0 55 24/86 90
31 Zimmer
Untere Preisklasse

Museen

Besucherstollen »Scholmzeche«
Dieser Stollenverbund ist auf 280 m
Länge zur Besichtigung freigegeben.
Führungen auf Anfrage
Tel. 0 55 24/40 21

Heimatmuseum
Eine beachtliche Dokumentation der
Entwicklung der einstigen Berg- und
Hüttensiedlung zum modernen Kur-
zentrum.
Ritscherstr. 13
Tel. 0 55 24/51 79
Mi u. Sa 9.30–12.30 und
14.30–17 Uhr
So 9.30–12.30 Uhr

DER BESONDERE TIP

Herzberg, 11 km westlich von Bad Lauterberg und Ein-
gangstor zum sonnigen Südharz mit den Ortsteilen Sieber, Lonau, Scharzfeld und Pöhlde, ist nicht nur ein beliebter Ausgangspunkt für Wanderungen. Besonders
kulturhistorisch Interessierte zieht das Welfenschloß aus dem
11. Jh. an, ein schöner Fachwerkbau über einer freundlichen
Altstadt, schon von weitem zu sehen. Der bemerkenswerte
Uhrturm im schönen Innenhof mit der Doppeluhr mit arabischen
und lateinischen Ziffern lohnt ebenso einen Besuch wie **Forst-**
und **Zinnfigurenmuseum** im Schloß. In 104 Einzelbildern werden der Harz und seine Bevölkerung dokumentiert.
Tel. 0 55 21/47 99, April–Okt. Di–Fr 10–13 und 14–17, Sa, So
9.45–13 und 14–18 Uhr, Nov.–März Di–Fr 11–13 und 14–16,
Sa, So 11–13 und 14–17 Uhr, Erwachsene 2 DM, Kinder 1 DM.
■ A 4

Die ehemalige Residenz der Welfenherzöge in Herzberg

SEHENSWERTE ORTE UND AUSFLUGSZIELE

Essen und Trinken

China-Restaurant Taiwan
Günstige Mittagsgerichte und
Abendkarte.
Hauptstr. 139
Tel. 0 55 24/8 01 98
12–15 Uhr und 17.30–24 Uhr,
Di geschl.
Untere Preisklasse

Dombrowskys Baude
Am idyllischen Bergsee, dem Wiesenbeker Teich, 350 m N.N., liegt
eine der schönsten Harz-Bauden,
eventuell am Ende eines Wanderweges, der Hunger gemacht hat.
Tel. 0 55 24/25 10
Tgl. 10–20 Uhr

Service

Auskunft
Kurverwaltung
Postfach 129
37434 Bad Lauterberg im Harz
Tel. 0 55 24/40 21

Ausflugsziele

Duderstadt

Das in einmaliger Geschlossenheit
erhaltene mittelalterliche Stadtbild
macht Duderstadt zu einer sehr sehenswerten Fachwerkstadt. Mehr
als 550 Bürgerhäuser verschiedener
Stilepochen, gotische Kirchen, der
schraubig gedrehte Westerturm und
der noch völlig erhaltene Ringwall,
auf dem ein Spazierweg entlangführt, sind einen Besuch wert.

Museum

Heimatmuseum
Das Heimatmuseum gibt interessante Einblicke in die Geschichte
der Umgebung.
Bei der Oberkirche 3

Tel. 0 55 27/25 39
Di–So 9–13 und 15–17 Uhr

Rhumequelle ■ A 4

18 km von Bad Lauterberg entfernt
ist eine der größten Quellen Europas
zu besichtigen. Zwischen Schwarzerlen und Weiden führt der Weg zur
Rhumequelle. Aus dem 30 m breiten und fast 10 m tiefen Quellweiher
entspringen pro Stunde ca. 5 000 Liter kristallklaren Wassers.

Scharzfeld und Einhornhöhle ■ A 4

Auf dem **Frauenstein**, einem Felsen
über dem Odertal, stehen die Reste
eines ehemaligen Jagdschlosses
deutscher Kaiser. Die enormen Ausmaße der mittelalterlichen Anlage
sind noch zu erkennen, auch wenn
sie zunehmend verfällt.
Eine der bekanntesten **Tropfsteinhöhlen** des Harzes, in der Knochen
von Bären und Hirschen (und nicht,
wie zunächst angenommen, vom
Einhorn) gefunden wurden, liegt nur
2 km nördlich von Scharzfeld. Sie ist
schon zu Beginn der Eiszeit entstanden und fasziniert Besucher besonders mit der »Blauen Grotte«.
Tel. 0 55 21/36 16
April–Okt. 9–17 Uhr
Erwachsene 3, Kinder 2 DM

Steinkirche ■ B 4

Am Schulberg, oberhalb von Scharzfeld, liegt die Steinkirche, die gar
keine ist, sondern eine Eiszeithöhle.
Im 8. Jh. soll Bonifatius sie in eine
christliche Kapelle umgewandelt haben. Eine in den Felsen gehauene
Kanzel ist auf der rechten Seite zu
erkennen.

Bad Sachsa

■ C 4

Überdurchschnittlich viele Sonnentage machen den heilklimatischen Kurort zwischen sanften Wiesen und Hängen zu einem beliebten Ferienort, der jedoch auch mit anderen, sehr unterschiedlichen Attraktionen aufwartet: Vom Ravensberg hat man eine großartige Aussicht zum Thüringer Wald, zum Kyffhäuser und zum Brocken; eine Fülle von Unterhaltungsangeboten – Theater, Tanz, Filmvorführungen, beheiztes Waldschwimmbad und Hallenbad, Bootsfahrten im Sommer und Kutsch- und Schlittenfahrten im Winter und der Märchengrund im Katzental – wird ergänzt von interessanten Ausflugszielen. Reizvoll ist jedoch auch der Ort selbst mit malerischen Fachwerkhäusern, dem Rathaus mit Jugendstil-Sitzungssaal und der barocken St. Nikolaikirche.

Die Kleinstadt entwickelte sich im Schutz der 1073 von Heinrich IV. errichteten Sachsenburg auf dem Sachsenstein. Die Burg wurde wahrscheinlich schon ein Jahr später, während der Sachsenaufstände 1074, zerstört. Nördlich des Bahnhofs sind noch Reste der alten Anlage erhalten. Schon 1874 begann hier der Kurbetrieb, und Bad wurde der kleine Ort unterhalb des Ravensberges, der mit 660 Metern Höhe eine schöne Aussicht bietet, im Jahr 1905.

Im Zentrum von Bad Sachsa steht die barocke St. Nikolaikirche

SEHENSWERTE ORTE UND AUSFLUGSZIELE

Hotels

Harzhotel Romantischer Winkel
Großes Haus mit Parkrestaurant,
Caféterrasse und römischem Bad.
Bismarckstr. 23
Tel. 0 55 23/10 05
72 Zimmer
Luxusklasse

Hotel-Café Waldfrieden
Ruhig gelegen auf einem Wald-
grundstück.
Waldstr. 3
Tel. 0 55 23/13 32
19 Zimmer
Untere Preisklasse

Sehenswertes

Harzfalkenhof
Wo Greifvogelzucht und -forschung
betrieben wird, sind von Mai–Okt.
Eulen, Edelfalken, Seeadler und so-
gar Bengalgeier zu beobachten.
Katzenstein
Tel. 0 55 23/32 91
Tgl. 10–17 Uhr

Märchengrund
In einem der ältesten Märchenparks
werden in beweglichen Bildern Sze-
nen aus den beliebtesten Märchen
dargestellt.
Katzentalstr.
Tel. 0 55 23/5 03
Tgl. 10–17 Uhr
Erwachsene 2, Kinder 1 DM

Essen und Trinken

Café Elfi
Eigene Hausbäckerei, Buchweizen-
torte, donnerstags Waffeln.
Brandstr. 60
Tel. 0 55 23/37 76
Fr. geschl.
Mittlere Preisklasse

Mendes Grillstuben
Zarte Steaks, frische Salate, Mittags-
tisch nach Omas Rezepten.
Schulstr. 12
Tel. 0 55 23/37 18
Tgl. 10–23 Uhr
Mittlere Preisklasse

Service

Auskunft
Kurbetrieb Bad Sachsa
Am Kurpark 6
37441 Bad Sachsa
Tel. 0 55 23/3 00 90

DER BESONDERE TIP

An der L 601, im ehemaligen Sperrgebiet der DDR, liegt
das über 1 000 Jahre alte Städtchen **Ellrich**, das auf
alten Landkarten gar nicht verzeichnet ist. Auf einer
Anhöhe steht einer der ältesten thüringischen Kir-
chenbauten, die einschiffige gotische **Frauenbergskirche** aus
der Zeit um 1300, die auf bedeutend ältere Bauten zurückgeht.
Ein Wandbecken mit Teufelsfratze ist im Chor zu sehen. ■ C 4

Salztal-Paradies
Sportzentrum mit Freizeitbad,
Squash, Tennis, Indoorgolf.
Talstr. 28
Tel. 0 55 23/14 64

Wintersport
Skizentrum Ravensberg, Übungs-,
Slalomhänge und Abfahrten
(4 000 m), drei Lifte; Skipiste mit
Flutlicht und Schlepplift; Skibus.

Ausflugsziele

Osterode ■ A 3

Das westliche Tor zum Südharz liegt
für viele Harzbesucher auf der Strek-
ke und lohnt eine Abfahrt von der
Bundesstraße. Ein gepflegtes Fach-
werkstädtchen mit Traufenhäusern
aus vier Jahrhunderten an engen
Altstadtstraßen und einer lebendigen
Altstadt mit freundlichen Cafés
und Restaurants lädt zu kurzem und
längerem Aufenthalt ein. Oder zur
Wanderung, wenn man schon zu lange gesessen hat.

Walkenried ■ C 4

Eine imposante Ruine ist das ehemalige **Zisterzienserkloster**, 6 km
östlich von Bad Sachsa, das heute
noch inmitten von Fischteichen
liegt, die die Mönche im Mittelalter
angelegt haben. Der gut erhaltene
Kreuzgang gehört zu den bedeutendsten Exemplaren gotischer Klo-
steranlagen in Deutschland, und hier
finden von Mai bis Nov. die Walkenrieder **Lichthof-** und **Kreuzgang-
konzerte** statt.
Kloster Walkenried
Steinweg
Tel. 0 55 25/13 54
Führungen im Sommer tgl. Mo–Sa
10–12 und 14–17, So 12–17 Uhr,
Winter nur Sa, So 14–15 Uhr
**Konzertprogramme und Karten-
vorverkauf**
Kurbetriebsgesellschaft
»Im Südharz« mbH
Steinweg 1
37445 Walkenried
Tel. 0 55 25/3 57

Der schön erhaltene Kreuzgang der Walkenrieder Klosterruine

Stolberg

■ E 4/E 5

Ein Städtchen wie aus einem Bilderbuch, das im an sich flacheren Unterharz von seiner Lage in vier Tälern, zwischen Misch- und Buchenwäldern, profitiert. Es konnte sich in den engen Tälern an den steilen Hängen nicht ausweiten, und so ist ein Stückchen mittelalterlicher Idylle erhalten geblieben. Die kleine Handels- und Residenzstadt (1 800 Einwohner), eine der ältesten Siedlungen im Südharz und um das Jahr 1000 als Bergmannssiedlung gegründet, gilt bereits als »Modellstadt für Fremdenverkehrsorte in Sachsen-Anhalt«. Die ehemalige Residenz der Grafen von Stolberg-Stolberg kann mit spätgotischen und Renaissancebauten, mit reich verziertem Fachwerk und mit unberührter Natur zu Recht als »Perle des Südharzes« für sich werben. 1993 sorgte der Europarat für ein weiteres Prädikat. Stolberg ist nun auch »Historische Europastadt«.

Es lohnt sich, das Städtchen von oben zu betrachten, auch wenn dazu das Erklimmen der 200 Stufen der Himmelsleiter notwendig ist. Der Blick reicht über Stolberg hinaus auf die Täler der Großen und Kleinen Wilde sowie ins Thyra- und Ludetal.

Wie auf einer ansteigenden Linie sind mit dem Rathaus auf dem Marktplatz, der Stadtkirche am Berghang dahinter bis hinauf zum Schloß eindrucksvolle städtebauliche Akzente gesetzt.

Mittelalterliches Straßenbild in Stolberg, der »Perle des Südharzes«

Hotels und andere Unterkünfte

Gasthaus Kupfer

Klein, zentral und ruhig am Markt
gelegen, mit üblichem Komfort.
Am Markt 23
Tel. 03 46 54/4 22 und 2 60
14 Zimmer
Mittlere Preisklasse

Hotel Kanzler

Freundliches, komfortables Haus
im Zentrum, Gasthaus mit gutbür-
gerlicher Küche.
Am Markt 8
Tel. 03 46 54/2 05 und 2 39
21 Zimmer
Mittlere Preisklasse

Sehenswertes

Rathaus

Das Rathaus scheint sich an den
Schloßberg anzulehnen. Bunt und
leicht und treppenlos ist es die
Kuriosität des Ortes. Zwar gibt es
innen schräge Aufgänge, aber der
eigentliche Zugang liegt außen. Man
geht über dieselbe Stiege, über die
auch die nebenan liegende St. Mar-
tinskirche zu erreichen ist. Entsprechend der Anzahl der Wochen
und Tage im Jahr ist das Rathaus ursprünglich mit 52 Fenstern und 365
Scheiben ausgestattet worden.
Aber Sie sollten nicht nachzählen,
nach zahlreichen Umbauten stimmt
das schon längst nicht mehr.

Saigerturm

Dem Rathaus gegenüber liegt am
südlichen Marktplatzrand der Rund-
turm aus dem 13. Jh., der früher den
Ortskern sicherte. Der Name geht
auf eine Schmelzhütte zurück, die
damals nebenan lag. Hier wurde das
in Stolberg abgebaute Erz gesaigert
(ausgeschmolzen), bevor es in der
Gießerei weiterverarbeitet wurde.

Schloß

Das Renaissanceschloß, zuvor eine
mittelalterliche Burg, liegt wunderschön über der Stadt und sollte Besuchern in absehbarer Zeit als Hotel
wieder zugänglich sein. Noch muß
man sich mit dem Blick von der Terrasse auf die Stadt begnügen, aber
auch das lohnt schon den kurzen
bequemen Aufstieg.

Museen

Altes Bürgerhaus

Im zweigeschossigen Fachwerkhaus
aus dem 15. Jh. sind sechs Räume
im Stil der Zeit eingerichtet.
Rittergasse 14
Tel. 03 46 54/2 19
Di–Sa 9–12.30 und 13–17, So und
Feiertage 10–12 und 13.30–17 Uhr
Erwachsene 1, Kinder 0,50 DM

Heimatmuseum

Die ehemalige Stolberger Münze
wird seit 1955 als Museum genutzt,
und die einzige erhaltene Münzwerk-
statt des Mittelalters im Harz ist hier
noch zu besichtigen. Ein Museums-
raum ist dem hier geborenen Thomas
Müntzer gewidmet.
Niedergasse 19
Tel. 03 46 54/4 16
Di–Sa 9–12.30 und 13–17, So und
Feiertage 10–12 und 13.30–17 Uhr
Erwachsene 1,50, Kinder 0,75 DM

Essen und Trinken

Zum Bürgergarten

Traditionelles Haus, das mit rustika-
lem Interieur das mittelalterliche
Flair erhalten will. Gutbürgerliche
Küche.
Thyratal 1
Tel. 03 46 54/4 01
Nov. geschl.
Mittlere Preisklasse

SEHENSWERTE ORTE UND AUSFLUGSZIELE

Service

Auskunft
Fremdenverkehrsamt
Stolberg/Harz
06547 Stolberg/Harz
Am Markt 5
Tel. 03 46 54/4 54

Ausflugsziele

Heimkehle ■ E 5

Südlich von Stolberg, zwischen Rottleberode und Uftrungen, liegt im Tal der Thyra Deutschlands größte **Gipssteinhöhle**. Durch Auswaschungen entstanden riesige Hohlräume. Der »Große Dom« mißt 65 m im Durchmesser und 22 m in der Höhe. 1944 hatte die SS in der Natursteinhöhle eine 8 000 qm große Rüstungsfabrik eingerichtet. Hier arbeiteten Häftlinge aus dem nahegelegenen Außenlager des Konzentrationslagers »Mittelbau-Dora«. Seit 1954 sind mehr als 2 000 m Höhlenstrecke wieder für Besucher geöffnet. Führungen tgl. 10, 11, 13.30, 14.30 und 15.30 Uhr

Kyffhäuser ■ E 6

Das Kyffhäusergebirge im Süden der Goldenen Aue gehört nicht zum Harz, sondern zum Thüringer Becken. Aber dort, wo Kaiser Barbarossa der Sage nach noch immer auf seine Rückkehr warten soll, wurde 1896 ein riesiges, genau 81 m hohes Sandstein-Denkmal errichtet, das man schon von weitem sieht und das zum Besuch lockt. Die **Barbarossahöhle** am Südhang des Gebirges, eine immense Gipshöhle mit Seen und Grotten, kann man besuchen. Aber den schlafenden Kaiser in seinem unterirdischen Schloß kennt nur der Volksmund.
Tgl. 10–17 Uhr

Das mächtige Barbarossa-Denkmal auf dem Kyffhäuser

Neustadt ■ D 5

Die ehemalige **Burg Hohenstein** ist zwar nur noch eine Ruine, aber im vorderen Teil des äußeren Burghofes ließen die Grafen von Stolberg 1908 das romantische **Jagdschloß** errichten, das heute ein beliebtes Ausflugsziel ist. Sehenswürdigkeit in Neustadt selbst ist ein überlebensgroßer **Roland** aus Eichenholz, Symbol für Marktrecht und Gerichtsbarkeit von 1730. Brüder dieser Figur stehen u.a. in Nordhausen, Questenburg und Quedlinburg.

Nordhausen ■ D 5

Mit 50 000 Einwohnern gehört Nordhausen zu den größten, aber keineswegs zu den attraktivsten Harzstädten. 1945 durch Bombardement erheblich zerstört, ist es hauptsächlich aus Betonfertigplatten wieder aufgebaut worden. Bauhistorische Reste sind das **Rathaus** mit einer Rolandfigur, die gotische Pfarrkirche St. Blasii, der gotische Dom und Teile der Stadtbefestigung mit den Judentürmen aus dem 15. Jh. Nordhausen ist auch Endstation der Harzquerbahn (→ Routen und Touren).

Sangerhausen

Die alte Stadt im südlichen Harzvorland macht ihren Besuchern drei einzigartige Angebote: Den Marktplatz mit historischen Bauten, das Spengler-Museum, dessen Glanzstück ein Altmammut ist (das fast vollständig erhaltene Skelett ist 6 m lang und 3,40 m hoch) und das »Rosarium« mit einer Rosenschau, die als die größte der Welt bezeichnet wird. Ein fast 13 ha großer Garten mit etwa 6 000 Rosensorten und 55 000 Rosenstöcken wurde 1903 angelegt.

DER BESONDERE TIP

Die nur fünf Kilometer lange Wanderung zum **Josephskreuz** gehört zu den schönsten Ausflügen in dieser Gegend. Wer in Stolberg dem mit blauem Punkt markierten Wanderweg von der Liebfrauenkirche hinter dem Markt zum großen Auerberg folgt, kann an der Schutzhütte auch dem roten Kreuz nachgehen, um den 580 Meter hohen Gipfel zu erreichen. Den Aussichtsturm in Form eines hohlen vierarmigen Kreuzes (200 Stufen bis zur oberen Plattform) hatte Karl Friedrich Schinkel ursprünglich als Holzkreuz entworfen. Das 20 Meter hohe Kreuz aus 365 Eichen wurde jedoch 1880 von einem Blitzschlag getroffen und 1896 durch das Eisenkreuz, 38 Meter hoch und 125 Tonnen schwer, ersetzt. Den Aufstieg belohnt ein herrlicher Blick bis zum Brocken, zum Kyffhäuser und den Türmen von Magdeburg. Die Gaststätte »Josephshöhe« ist Di–So von 10–17 Uhr geöffnet. ■ E 4

Das kleine Harz-Gebirge mag manchen dazu verleiten, »es mal kurz mit dem Auto zu machen«. Genau das lohnt sich nicht, es will langsam erobert werden.

Seine schönsten Seiten erschließen sich auf Wegen, die mit vier Rädern nicht zugänglich sind – aber auf andere, sehr unterschiedliche Arten. Hier wird allerdings, abgesehen vom obligaten Brockenweg, keiner von denen empfohlen, wo man zu jeder Zeit wahre Demonstrationszüge trifft wie im Bodetal, sondern mehr abseits gelegene, lohnende Schönheiten.

Die Fußwege und auch die Fahrt mit der Harzquerbahn sind für alle Jahreszeiten geeignet, die Loipen und Abfahrten naturgemäß nur im Winter. Es gibt kaum einen Ort, von dem aus nicht unterschiedlichste markierte Wanderwege in die Umgebung führen, und die meisten Fremdenverkehrsvereine verfügen über kleine Wanderführer für die Hosentasche, die im allgemeinen gut brauchbar sind. Die Autotour ist eigentlich nur für Eilige gedacht, die einen ersten Eindruck vom Gesamtharz oder dem ihnen fremden Teil gewinnen wollen. Auch wenn der Harz klein ist, ist er mit dem Auto am Wochenende nicht zu ergründen, weil er für viele auch ein Naherholungsgebiet und besonders an Sonntagen hauptsächlich im West- und Oberharz sehr gut besucht ist.

Alle wichtigen Orte und Ausflugsziele, die unterwegs auftauchen, finden Sie im Kapitel »Sehenswerte Orte und Ausflugsziele« ausführlicher beschrieben.

Blick über die Dächer Quedlinburgs mit seinen
1000 erhaltenen Fachwerkhäusern

Der Roland von Nordhausen wurde von den Bomben des Weltkriegs verschont

Das Schloß und schöne Fachwerkhäuser prägen Stolberg

Harz-Rundreise

Alle auf dieser Tour erwähnten Orte werden bei der Beschreibung der sehenswerten Städte aufgeführt. Wer in den Harz kommt, wird **Goslar** sehen wollen (und müssen), und somit empfiehlt sich für eine Tagestour der Weg von Norden in das Mittelgebrige. Die ebenso schöne wie geschichtsträchtige Hauptstadt des Harzes, seit 1993 von der Unesco in die »Liste des Kultur- und Naturerbes der Menschheit« aufgenommen, verdient eigentlich einen längeren Besuch, aber vielleicht kommen Sie nach einer Stippvisite ja wieder. Zeit für einen Besuch von **Kaiserpfalz** und historischer **Altstadt** sollte jedoch sein.

Burg, Brocken und Bummelmeile

Neun Kilometer östlich und über die B 6 erreichbar liegt **Bad Harzburg**, Kurort und Heilbad inmitten üppiger Laub- und Nadelwälder. Fahren Sie mit der Großkabinenseilbahn auf den Burgberg (482 Meter) mit seiner **Burgruine** aus dem 11. Jahrhundert, und genießen Sie den Blick auf das Harzvorland und Brocken. Im Ort kann man unter Kastanien an eleganten Geschäften und feinen Restaurants entlangbummeln.

16 Kilometer weiter südöstlich (B 6 und B 244) liegt die »bunte Stadt am Harz«, wie Hermann Löns sie nannte und wie sie es heute selbst tut, **Wernigerode**. Hauptattraktion ist das **Schloß** mit einem wunderschö-

nen Blick bis zum Brocken, aber auch die Innenstadt hat Sehenswertes zu bieten: das **Rathaus**, das die Titel fast aller Harzbücher schmückt, das wiederaufgebaute **Gothische Haus**, heute ein Hotel mit lichtdurchflutetem hellem Café, beides Teile eines fast geschlossenen Ensembles schöner Fachwerkhäuser, und den Bahnhof am Westerntor, dem Ausgangspunkt der Harzquerbahn.

Teufelszeug ...

Von Wernigerode fahren Sie nun 13 Kilometer weiter nach Südosten und erreichen **Blankenburg**. Auch wenn Sie überall auf Namen wie Teufelsmauer, Teufelsgrund und Teufelsbach stoßen – der Teufel ist längst im Heil(moor)bad gezähmt. Die Stadt selbst mögen Sie vielleicht nicht so interessant finden – die wenigen nicht im Zweiten Weltkrieg zerstörten Sehenswürdigkeiten gruppieren sich um den Markt – aber die **Teufelsmauer** im Süden lockt Filmemacher und Touristen, und die Burgruine **Regenstein** im Norden (3 Kilometer auf der B 6 in Richtung Wernigerode, beim Wegweiser abbiegen und noch einen Kilometer weiterfahren) ist eine kulturhistorische Sehenswürdigkeit ersten Ranges. Vielleicht lassen Sie das Auto aber auch im Ort stehen und gehen drei Kilometer zu Fuß. Dann folgen Sie vom Kleinen Schloß zum Bahnhof dem mit grünem Punkt markierten Wanderweg, gehen zum Bahnhof ein Stück links und dann rechts in die Weinbergstraße, von dort immer geradeaus bis zum Regenstein.

13 Kilometer östlich liegt **Quedlinburg**, die nach Goslar bedeutendste kulturhistorische Stadt im Harz. Steigen Sie zum **Schloß** hinauf und genießen Sie, vielleicht bei einer Tasse Kaffee, den Blick auf die Dächer der Stadt. Versäumen Sie auf keinen Fall den Besuch des schönen **Marktplatzes** mit einem der größten Fachwerkensembles des Harzes.

… und Hexenplätze

Jetzt sollten Sie den Nordrand des Harzes aber verlassen und sich nach Süden wenden, das heißt acht Kilometer südwestlich nach **Thale** fahren. Mit **Roßtrappe**, **Hexentanzplatz** und **Bodetal** haben Sie die wichtigsten Schauplätze vieler Harzer Sagen erreicht – aber auch das Ende der Möglichkeit, alles auf vier Rädern zu erreichen. Sie können aber mit der Schwebebahn zum Hexentanzplatz, und auf die gegenüberliegende Roßtrappe bringt Sie ein Sessellift. Zum Wandern keine Zeit? Es sind nur zehn Kilometer von **Thale** nach **Treseburg** durch eines der schönsten wildromantischen Harztäler.

Über Bad Suderode und Gernrode erreichen Sie weiter östlich Ballenstedt und acht Kilometer weiter südöstlich, hinter Meisdorf, liegt mit der **Burg Falkenstein** die wohl am besten erhaltene und imposanteste Harz-

burg. Auch dahin führt nur der Weg auf Schusters Rappen, 1,3 Kilometer vom großen Parkplatz am Gasthaus »Zum Falken«.

Über Harzgerode (15 Kilometer) erreichen Sie nach weiteren 18 Kilometern **Stolberg**, die »Perle des Südharzes«, ein auffallend hübsches Städtchen, idyllisch in tiefeingeschnittenen Tälern dreier Flüsse gelegen. Der kurze Aufstieg zum **Schloß** lohnt für diejenigen, die »nur« einen Picknickplatz mit schöner Aussicht suchen. Von Stolberg fahren Sie nun (37 Kilometer) über Rottleberode und Neustadt Richtung Bad Sachsa, aber nur bis Walkenried, dessen Klosterruine einen Halt wert ist. Dann wenden Sie sich nach Norden, Richtung **Braunlage**. Wenn Sie sich zum einen oder anderen Spaziergang oder zu einer längeren Pause haben verleiten lassen, dann wird es bald dunkel, und Sie müssen sich den Oberharz für einen anderen Tag aufheben. Aber in Braunlage können Sie sich noch entscheiden: entweder 23 Kilometer bis Bad Harzburg und raus aus dem Harz, oder 17 Kilometer nach Westen, nach Clausthal-Zellerfeld, der alten Bergstadt, und dann 19 Kilometer nach Goslar – und auch raus aus dem Harz. In beiden Fällen müssen Sie wiederkommen, weil Sie so vieles noch nicht gesehen haben. Und ein Stück wandern würden Sie sicher auch gerne, im Bode- oder Ilse- oder Odertal

Länge: 200–220 Kilometer
Dauer: Tagestour
Karte: → Klappe vorne

Romantik pur: mit der Harzquerbahn von Wernigerode nach Nordhausen

ROUTEN UND TOUREN

Auf der Schmalspur quer durch den Harz

TOP TEN 3

Die eindrucksvollste Art, den Harz zu durchqueren, ist die Fahrt mit der fast 100 Jahre alten **Schmalspurbahn**. Auf einer Spurweite von einem Meter schnauft sie die 60,5 Kilometer von **Wernigerode** nach **Nordhausen** in etwa drei Stunden (Durchschnittsgeschwindigkeit 21 bis 24 km/h) über Berg und Tal und durch einen 70 Meter langen Tunnel. Es hat nur drei Jahre gedauert, diese Strecke zu bauen: 1886 bis 1889, und wer in Wernigerode **Westerntor** (einer der schönsten Bahnhöfe der Strecke) einsteigt, bekommt schnell eine Vorstellung dieser Leistung, weil das Bähnchen hier auf nur 14 Kilometern 70 Kurven, darunter bei der Steinernen Renne sogar eine Haarnadelkurve mit einem Radius von 60 Metern, bewältigt.

Umsteigen zum Brocken

Von der **Steinernen Renne** bis **Drei Annen Hohne** (hier kann man in die **Brockenbahn** umsteigen) führt danach die schönste Strecke, auf der ein Höhenunterschied von 229 Metern überwunden wird: Im **Drägental** kann man noch einen letzten Blick auf Wernigerode zurückwerfen, und dann verschwindet die Bahn für kurze Zeit im Tunnel durch den Thumkuhlenkopf, bevor sie nach Drei Annen Hohne hochklettert. Wer sitzen bleibt, fährt weiter durch Fichtenwald nach **Elend**, und danach müht

sich die Bahn auf den höchsten Punkt der Strecke (557 Meter), von dem man links ganz kurz den Brocken sehen kann, und dann ist schon die nächste Station **Sorge** erreicht. Auf der nächsten Hochfläche liegt der Ort **Benneckenstein**, am schönsten im Frühling und Sommer inmitten blühender Wiesen. Dann passiert die Bahn den Oberlauf der Rappbode, steigt noch einmal hinter dem Dammbachtal und erreicht kurz darauf das Tiefenbachtal (wer hier aussteigen will, muß es dem Schaffner sagen).

Von Granit zu Gips

Am nächsten Bahnhof **Eisfelder Talmühle** kann man umsteigen, wenn man nach Stiege, Hasselfelde oder zur **Selketalbahn** nach Gernrode möchte. Sonst fährt man weiter über **Netzkater** nach **Ilfeld**, an mächtigen Felsen vorbei. Bei Ilfeld sieht man plötzlich Gipsberge, der Harz liegt hinter uns und wenige Kilometer weiter, die Zorge entlang, gelangt man zur Endstation **Nordhausen**.

Wer zu einer Bahnstation wandert, kann die Harzquerbahn dann für die Rückfahrt benutzen und findet sicher einen Platz. Wenn nicht im Wagen, dann vielleicht auf einem der Plateaus, von wo aus man die Wälder riechen kann (Tarife: → Der Harz mit und ohne Auto).

Dauer: 3–6 Stunden
Karte: → Klappe vorne

Auf dem »R1«
Calais-Berlin

Ein Dorado für Radfahrer ist der Harz gewiß nicht (auch wenn Mountainbiker das gelegentlich anders sehen), aber es gibt Anfänge, und ein Logo mit einer radelnden Hexe, den Besen im Gepäck, führt zum »R 1«, der Teil des internationalen Radwanderwegs Calais-Berlin ist, der immer noch in Höxter endet, seit 1993 aber auf 35 Kilometern im Landkreis Wernigerode zu befahren ist. Die Reststrecke nach Berlin ist noch im Bau. Aber für die anliegenden Orte **Ilsenburg**, **Drübeck**, **Darlingerode**, **Wernigerode**, **Benzingerode**, **Cattenstedt** und **Wienrode** versprechen sich vor allem die Tourismusexperten einiges.

An beiden Einfahrten erfahren Radwanderer auf großen Stelltafeln, wo man Nachtquartier und Mahlzeit findet. Die Ilsenburger haben einen Teil des Weges als Naturlehrpfad ausgestattet und eine Trimm-dich-Strecke ausgebaut. Die Wegweiser wurden nicht an die Bäume genagelt (!), dafür wurden extra Holzpfosten gesetzt. Zwei Schutzhütten sind noch geplant, eine vorhandene ist renoviert. 19 Sitzgruppen aus Holzstämmen laden unterwegs zum Ausruhen ein.

Dauer: 2–3 Stunden
Karte: → Klappe vorne

Unverwechselbar sind die Wegweiser des Radwanderwegs »R 1«

Brockenwanderung

■ C2

Spätestens seit dem 10. Dezember 1777, als Goethe einen Förster aus Torfhaus dafür gewinnen konnte, ihn zu dieser damals riskanten Winterbesteigung zu begleiten, ist der Brockenaufstieg im wahrsten Sinne Höhepunkt jeder Harzreise, zumal er 28 Jahre lang für Touristen nicht zugänglich war.

Über dem Nebelmeer

Rar sind allerdings die Tage, da der Aufstieg lohnt, und unten im Tal sind sie meist nicht zu erkennen. Wenn sich bei Inversionswetterlagen, wie sie im Winter häufiger vorkommen, trockene Warmluft über die am Boden liegende Kaltluft schiebt, Rauhreif im dichten Tal Bäume und Sträucher schmückt, kann es in den Hochlagen klar und geradezu frühlingshaft warm sein, und man kann vom Brocken hinunter auf das Nebelmeer sehen, aus dem Berge und Türme, der NDR-Sendemast Torfhaus und die Kuppel auf dem Wurmberg wie Inseln ragen.

Und mit dem Fernglas lassen sich Städte und weiter entfernt liegende Gebirge ausmachen.

Aber, wie gesagt, dazu gehört eine ganze Portion Glück, mancher sieht nicht mehr als die mit Schotter und Beton verschandelte Kuppe und hat beim Aufstieg womöglich lediglich den Rücken des Vordermannes in einer langen Schlange und unter seinen Füßen Beton wahrgenommen. Ob der Weg dann das Ziel ist, muß man selbst entscheiden.

Märchenhafte Winterlandschaft am Brocken

Viele Wege führen zum Brocken

8,5 Kilometer lang ist der kürzeste und beliebteste Aufstieg von **Torfhaus** (811 Meter) im Westen aus. In ca. drei Stunden erreicht man auf dem **Goethe-** und **Kaiserweg** über Betonplatten und Bohlenwege die Brockengruppe. Vielbegangen ist auch der windungs- und kehrenreiche, aber trotzdem bequeme und breite Weg vom südöstlichen **Schierke** (640 Meter). Auch auf ihm kommt man in ca. drei Stunden zum Ziel. Ganz Eifrige wandern die 18 Kilometer von **Wernigerode** in fünf Stunden durch das Kleine Breitetal. In jedem Fall locken auf dem Gipfel – unabhängig vom Wetter – eine Verschnaufpause beim **Brockenwirt** und ein 2,5 Kilometer langer **Rundweg** rings um die kahle Kuppe auf den alten Fundamenten der 1992 geschleiften Ringmauer.

Bequemer und schneller geht es natürlich mit der **Brockenbahn**, die seit dem 15. September 1991 wieder unterwegs und seit Sommer 1992 auch von Touristen benutzbar ist. Sie bringt Besucher in knapp zwei Stunden von Wernigerode nach oben; von Drei Annen Hohne dauert es 45 Minuten, von Schierke eine halbe Stunde bis zum **Bahnhof Brocken** knapp unter dem Gipfel. Da bietet sich für viele eine Kombination der »Verkehrsmittel« an: eine Strecke zu Fuß und die andere mit der Schmalspurbahn. Aber Vorsicht: An Wochenenden und in den Ferien ist sie – vor allem bei gutem Wetter – trotz Extrafahrten schnell überfüllt (Tarife → Der Harz mit und ohne Auto).

Dauer: 4–10 Stunden

Im Nationalpark Hochharz kann die Natur sich ungestört entfalten

Rund um Hohegeiß und die »Dicken Tannen«

Die Sage erzählt, 1444 bauten Mönche aus dem nahen Walkenried mitten im Gebirge eine Kapelle, **alta capella** oder hohe Kapelle. Da capella aber auch Geiß oder Ziege heißen konnte, bürgerte sich der Name **Hohegeiß** für den kleinen Ort bei Braunlage ein. Die Wanderung beginnt an der B 4 von Bad Sachsa nach Walkenried beim Kurpark. Beim Wanderweg 29 D in Richtung **Dicke Tannen** abbiegen. Das ist ein Naturschutzgebiet mit 300 bis 400 Jahre alten Baumriesen und somit ein Stück Urwaldlandschaft, in der manche Stämme bis zu 50 Meter hoch wuchsen. Am neuen Teich vorbei kommt man dann zum 575 Meter hohen **Waschkopf**. Fast fünf Kilometer geht es durch stille Forste, am **Wagnerskopf** und an den **Steigerköpfen** vorbei, bis es – hinter der Steigertalstraße – nach Osten und damit zurück nach Hohegeiß geht. Am Fuß des vorderen Ebersberges bietet sich ein sehr schöner Blick auf das Braunlager Gebiet.

Länge: 16 Kilometer
Dauer: ca. 5 Stunden

Rund um Hohegeiß und die »Dicken Tannen«

1000 m
N

Braunlage
Ochsenberg • 584
Vorderer Ebersberg
Hinterer Ebersberg
Mittelkopf
Spitzenberg • 656
Großer Mittelberg
Hohegeiß
Nordhausen
Mollenberg
Wolfsberg • 600
Gr. Bruchmannstal
Wanderweg 29D
Steigerköpfe • 566
Leimental
Andreasbergertal
Steigertal
Waldhaus »Dicke Tannen«
Mittelberg
Bärenbach
Wagnerskopf
Hohegeißberg • 558
Neuer Teich
Jagdkopf • 602
Sprakelbach
Waschkopf • 575
Reihersberg
Kirchberg • 559
Steinbach
Ebersbach

Wanderung mit Laufrichtung
Durchgangsstraßen
Wege
🔺 Herberge
✳ Aussichtspunkt
Park/Wald

Durch das Ilsetal

TOPTEN 7

Es gehört zu den schönsten Harztälern überhaupt und führt die Ilse entlang, die vom Brocken in das Harzer Vorland fließt, dabei vier Kilometer vor Ilsenburg mit mächtigen Wassermassen in die Tiefe stürzt, bevor Fluß und Spaziergänger das 474 Meter hohe **Felsentor** und den 150 Meter hohen **Ilsenstein** mit der 1 000jährigen Festung passieren. Ausgangspunkt für alle Wanderungen ist der **Schloßpark** in **Ilsenburg** beim Wegweiser am Blochhauser. Die schönsten Wege führen zu den **Paternosterklippen** und nach **Plessenburg** (10 Kilometer, mit rotem Punkt ausgeschildert) oder zu den **Ilsefällen** über **Gebbertsberg** nach Plessenburg (13 Kilometer, mit rotem Dreieck).

Steinerne Mönche

Die Paternosterklippen erreicht, wer am Blochhauser über die Holzbrücke und dann nach rechts zum Ilsenstein geht. Nahe den Resten der Festung aus dem 11. Jahrhundert (das Eiserne Kreuz ließ Graf Anton zu Stolberg als Erinnerung an seine in den Befreiungskriegen gefallenen Kameraden errichten) gibt es eine kleine

Das Ilsetal gehört zu den schönsten Harztälern überhaupt

Raststätte mit einer wunderschönen Aussicht. Vom Ilsenstein führt der Weg an der Ilsensteinquelle vorbei zu einem 521 Meter hohen Granitfelsen, den **Paternosterklippen**, die ihren Namen ihrer Form zu verdanken haben. Man kann sie für einen betenden Mönch halten. Von hier aus geht es nach einem beeindruckenden Blick auf den Brocken weiter zur Plessenburg, einem Jagdschloß aus dem 18. Jahrhundert (mit Gaststätte), und dann über Straße und Ilsetal wieder zurück.

Länge: 10 bzw. 13 Kilometer
Dauer: 2–3 Stunden

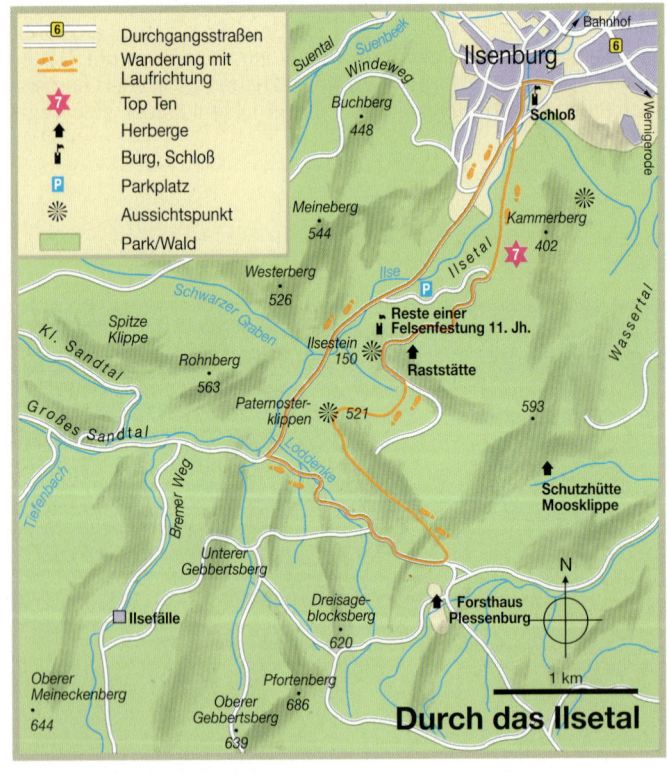

Durch das Ilsetal

Die Südharz-Loipe

Zu den schönsten Langlauf-Loipen des Harzes gehört die Südharz-Loipe, weil sie durch abwechslungsreiche Wälder führt und so viele Verzweigungen enthält, daß man schon einige Tage braucht, um alle Möglichkeiten zu erkunden. Die Beschilderung ist zwar ausreichend, um auch ohne Ortskenntnisse zum Ziel zu kommen, dennoch ist eine Loipenkarte empfehlenswert. An einigen Einstiegmöglichkeiten stehen Übersichtstafeln. Die Südharz-Loipe ist 40 Kilometer lang, mit Steigungen von zehn bis 80 Metern und damit leicht bis schwer, und führt über zehn doppelspurige Rundkurse und Verbindungsstrecken. Man kann die Südharz-Loipe über **Bad Sachsa**, **Bad Lauterberg** und **Wieda** erreichen, aber auch von der Straße zwischen Braunlage und Wieda an der Anbindung an die Hasselkopf-Loipe einsteigen. Der Parkplatz, an dem auch der Bus hält, liegt etwa in der Mitte zwischen **Wieda** und **Braunlage** an der Kreuzung der Straße mit dem **Kaiserweg**, dem berühmtesten Wanderweg des Harzes.

In **Bad Sachsa** sollte man am Großparkplatz Ravensberg oder am Parkplatz Dreiherrenstein starten. In Bad Lauterberg beginnt die Loipe bei guter Schneelage am Dietrichstal-Parkplatz, sonst muß man zum oberen **Scholbenweg** in Höhenlagen steigen, in denen die Schneedecke beginnt. In **Wieda** befindet sich der Start an den Junkerseichen am Käseberg.

Dauer: 1–3 Tage

... und jetzt eine Tasse mit heißem Tee oder einen Glühwein

WICHTIGE INFORMATIONEN

Auskunft

Unterkunftsverzeichnisse, Prospekte und Auskünfte über besondere Leistungen schicken Ihnen kostenlos die jeweiligen Fremdenverkehrsbüros oder Kurverwaltungen, deren Adressen und Telefonnummern Sie bei den einzelnen Orten (→Service) finden.

In Sachsen-Anhalt entsteht als Pilotobjekt ein touristisches Informations- und Reservierungssystem (IRS). Zur neu gegründeten Kurbetriebsgesellschaft Brocken (KBG) gehören die Orte Schierke, Elend und Benneckenstein. Bei elektronischen Info-Towern in den Gemeinden kann abgefragt werden, wo welche Quartiere zu haben sind. Weitere Einrichtungen dieser Art sind bereits in Bad Lauterberg, Bad Sachsa und St. Andreasberg vorhanden. Diese Computer-Systeme sollen direkt mit dem Harzer Verkehrsverband verbunden werden.

Brauchen Sie nochEntscheidungshilfen oder umfassendere Auskünfte, hilft Ihnen der

Harzer Verkehrsverband e.V.
Marktstr. 45
38640 Goslar
Tel. 0 53 21/3 40 40
Fax 3 40 40 66

Harzclub e.V.
Heimat- und Wanderbund
Paul-Ernst-Str. 14
38678 Clausthal-Zellerfeld
Tel. 0 53 23/17 58

Touristenverein
»Die Naturfreunde«
TVN Landesverband Niedersachsen
Maschstr. 22
30169 Hannover
Tel. 05 11/80 46 84

Camping

Zwar gibt es eine Fülle von Campingplätzen im Harz, von denen die meisten am Wasser liegen und Wassersport ermöglichen, aber darum sind sie auch beliebt; rechtzeitige Reservierung empfiehlt sich deshalb. Auf 14 Plätzen ist Wintercamping möglich. Umfassende Informationen gibt es beim

Verband der Campingplatzhalter Niedersachsen e.V.
Bezirksgruppe Harz
Tel. 0 53 21/2 00 31

Verband der Campingplatzhalter Sachsen-Anhalt
Büro Waldbad
39326 Colbitz
Tel. 03 92 07/2 95

Geld

Banken und Sparkassen haben dieselben Öffnungszeiten wie anderswo, im allgemeinen Mo–Fr 9–12 und 14–16 Uhr, Do in größeren Orten bis 18 Uhr. Geldautomaten gibt es mittlerweile in den meisten größeren Orten, auch im Ostharz.

Gottesdienste

Die (meist) evangelischen wie auch die katholischen Gemeinden künden ihre Öffnungszeiten mittlerweile im ganzen Harz an den Ortseinfahrten auf Hinweisschildern an.

Jugendherbergen

Harzer Jugendherbergen liegen fast ausnahmslos in landschaftlich schönen Gegenden, oft an Teichen, Seen, Talsperren oder auch in historischen Gebäuden. Voraussetzung zur Benutzung dieser preiswerten Übernachtungsalternative ist allerdings

die Mitgliedschaft im Jugendherbergswerk. In den Ferienzeiten empfiehlt sich zudem rechtzeitige Anmeldung.
Auskünfte:

Deutsches Jugendherbergswerk (DJH)
Bülowstr. 26
32756 Detmold
Tel. 0 52 31/3 10 91

Jugendherbergsverband Sachsen-Anhalt
Büro Waldbad
39326 Colbitz
Tel. 03 92 07/2 95

Kleidung

Wenn Sie an schönen Sommertagen in die Unterwelt der Höhlen und Bergwerksstollen eintauchen, sollten Sie sich mit Pullover oder Jacke gegen einen abrupten Temperatursturz wappnen. Ob Regen oder Sonnenschein über Tage: Dort unten ist es mit 9° C Durchschnittstemperatur empfindlich kalt.

Kurkarte

Sie wird auch Harzkarte genannt und gilt im gesamten Harz, auch dort, wo kein Kurort ist. Sie gewährt als Gästekarte verbilligte Leistungen (Eintritt, Skilifte, Bäder). Die Liste der annähernd 400 Vergünstigungen erhält man beim Harzer Verkehrsverband (→ »Auskunft«).

Literatur

Eine Fülle von Harzsagen, in denen Hexen und Teufel, Bergleute, Köhler und arme Weiblein eine bedeutende Rolle spielen, kennt fast jeder. Nachzulesen sind sie beispielsweise in dem Bändchen »Harz-Sagen« der August Lax Druckerei- und Verlags-

buchhandlung (9,80 DM) oder im Nachdruck der fast 150 Jahre alten Sammlung von Heinrich Pröhle »Aus dem Harze. Skizzen und Sagen« (Olms Verlag, 15,80 DM).

Erst Goethes drei Harzreisen inklusive Brockenbesteigung aber machten den Harz mit der Walpurgisnachtszene im »Faust« zum literarischen Raum. Danach wurde Heinrich Heines »Harzreise« praktisch zum ersten Bestseller der Gegend. Wilhelm Raabe ließ seinen Roman »Nach dem großen Krieg« im Wernigerode der antinapoleonischen Befreiungskriege spielen.

Wer es gegenwärtiger, spannender und »vor-einheitlich« liebt, der möge zum Krimi greifen. 1989 ist Norbert Klugmanns »Dresdner Stollen« als Rowohlt-Thriller erschienen.

Museen

Öffnungszeiten und Eintrittspreise der Museen ändern sich im Moment vor allem in den neuen Bundesländern schnell. Deswegen sind entgegen der bei »MERIAN live!« sonst üblichen Praxis in diesem Reiseführer die Telefon-Nummern der Museen mit angegeben, damit Sie sich aktuell informieren können.

600 interessante Tips für Ausflüge in die Kunst, Kultur und Geschichte zwischen Braunschweig und Kyffhäuser hat der Harzer Verkehrsverband herausgegeben (→ »Auskunft«). Neben Heimat- und Bergwerksmuseen, Galerien und Domen enthält der Museumsführer »Harz und Umgebung« auch Schloßmuseen und historische Stätten.

Öffentliche Verkehrsmittel

Busse von Bahn, Post und Privatunternehmen verkehren regelmäßig und in annehmbaren Abständen zwischen den größeren Orten, kleinere werden oft nur dreimal täglich angefahren.

Pauschalreisen

Fast alle Harzorte bieten das ganze Jahr über Pauschalreisen für Wochenenden oder eine Woche an, bei denen man den Harz zu günstigen Konditionen kennenlernen kann. Etwa 130 Betriebe im Gesamtharz beteiligen sich an diesen Angeboten. Informationen über den

Harzer Verkehrsverband
Marktstr. 45
38640 Goslar
Tel. 0 53 21/3 40 40

Reisezeit

In den Ferien, an Feiertagen und langen Wochenenden sind der Westharz und attraktive Orte im Ostharz oft überlaufen. Aber wer von den Hauptrouten abweicht, wird zu jeder Zeit und Jahreszeit ein abwechslungsreiches und schönes Erholungsgebiet finden. Im Frühling lockt die Obstblüte im Südharz, im Sommer weite Getreidefelder im Unter- und Vorharz, und im Herbst sind vor allem die bunten Mischwälder (Unterund Südharz) die Attraktion für Wanderer. Im Winter bietet der Harz ein ganz anderes Bild: In den Höhenlagen und besonders im Ostharz präsentiert sich mit den ersten Schneefällen ein Märchenwald.

Das Klima in Ober- und Unterharz ist so unterschiedlich wie die Landschaft. Im Oberharz gibt es fast doppelt so viele Regentage wie im Unterharz, aber die Höhenlagen und Wälder, praktisch ohne Industrie, sorgen für ein gesundes Klima für Herz, Kreislauf und Atmungsorgane.

Die genauen Klimadaten am Beispiel von **Braunlage**:

	Durchschnittstemperaturen in °C		Sonnenstunden	Regentage
	Tag	Nacht	pro Tag	
Januar	-0,3	-5,2	1,6	15
Februar	0,5	-4,9	2,5	13
März	4,8	-2,3	3,6	11
April	9,4	1,1	4,6	13
Mai	14,3	5,4	5,7	11
Juni	17,5	8,4	7,1	11
Juli	19,0	10,5	6,0	13
August	18,7	10,4	5,3	12
September	15,7	7,8	4,8	12
Oktober	10,2	3,8	3,7	13
November	4,4	0,0	1,7	14
Dezember	1,1	-3,2	1,6	14

Quelle: Deutscher Wetterdienst, Offenbach

Das mildere Unterharzklima, besonders im Südosten, nennen manche sogar südländisch.

Schnee

Der Schnee verwandelt den Harz in ein Paradies für Langläufer und Skialpin-Fans, für Rodler und Eislaufbegeisterte. In den vergangenen Jahren war dies aber oft erst Mitte/Ende Januar der Fall. Fehlt einem dann noch die richtige Ausstattung, sorgen Verleihe überall für Abhilfe.

Schneeketten sollten Sie im Winter immer im Auto haben, weil Sie sonst schnell vor einer Straßensperre stehen können.

Tiere

Hunde mitzubringen ist in vielen Harzer Hotels und Pensionen (meist mit vorheriger Anmeldung) erlaubt. Daß deren Feriendasein fast ausschließlich an der Leine stattfindet, versteht sich in Naturschutzgebieten von selbst.

Wetterdienst

Telefonische Ansage, auch Wintersportbericht, über 0 53 21/2 00 24. Hinweise auf das Brockenwetter gibt es auf den Bahnhöfen der Brockenbahn.

Zeitungen

Überregionale Zeitungen gibt es überall, in größeren Kurorten auch Tageszeitungen aus den Gebieten, aus denen viele Feriengäste kommen, wie z.B. aus Nordrhein-Westfalen und Berlin. In regionalen Tageszeitungen kann man sich über das Geschehen am Ort informieren. Für den Harzer Verkehrsverband wird außerdem regelmäßig der »Harz-Blick« herausgegeben, ein in den Kurverwaltungen erhältliches Magazin für Harz-Gäste mit einer Fülle unterschiedlicher Informationen und vielen Anzeigen.

Der Okerstausee nordöstlich von Clausthal-Zellerfeld

vor 400 Millionen Jahren
Infolge einer weiträumigen Faltung der Gesteinskomplexe entstand das von Frankreich bis zu den Sudenten reichende Variszische Gebirge, das sich aus dem Meer heraushob und an dessen Nordrand sich allmählich der Harz bildete.

5 000 v.Chr.
Älteste klare Beweise für das Dasein von Menschen am Nordharzrand.

500 v.Chr.
Kelten und Germanen siedeln im Harz.

100 v.Chr.
Der Harz wird Zankapfel zwischen Franken, Sachsen und Thüringern.

300 n.Chr.
Der Ostharz wird von Germanen besiedelt, die Erzgewinnung beginnt.

431
Thüringer werden von Sachsen und Franken unterworfen, die den Harz unter sich aufteilen.

772
Der Frankenkönig Karl der Große unterwirft die Sachsen und zwingt sie, sich taufen zu lassen oder zu sterben.

843
Teilung des fränkischen Karolingerreiches durch den Vertrag von Verdun. Der Harz wird sächsische Hausmacht. Erste Blüte des Harzes mit vielen sakralen Großbauten.

918
Dem Sachsenkönig Heinrich der Vogler wird in Quedlinburg die deutsche Königskrone angetragen.

968
Eröffnung des Erzbergbaus im Rammelsberg bei Goslar.

973
Erste Reichsversammlung in Quedlinburg.

1009
Erste Reichsversammlung in Goslar unter Heinrich II. (1002–24). Heinrich beginnt mit dem Bau der Kaiserpfalz, die von seinen Nachfolgern Konrad II. (1024–39) und Heinrich III. (1039–56) weiter ausgebaut wird. Heinrich III. macht Goslar zur Reichshauptstadt und zu seinem Hauptwohnsitz. Bis unter Friedrich Barbarossa (1152–90) bleibt Goslar zentrale Stadt des Reiches mit vielen Reichstagen.

1281
Goslar und Nordhausen schließen sich der Hanse an.

um 1520
Goslar macht sich als Bergbaustadt einen Namen.

1525
Vor dem Hintergrund der lutherischen Reformation und der Ausbeutung durch sich bekämpfende Bischöfe und Fürsten erheben sich Bauern, Handwerker und Arbeiter unter der Führung des in Stolberg geborenen Thomas Müntzer. Er schart im April des Jahres am Fuße des Kyffhäuser seine Anhänger zum »Christlichen Verbündnis« zusammen. Sie stürmen Klöster und Güter der Adligen, werden aber am 15. Mai vernichtend geschlagen.

1618–48
Dreißigjähriger Krieg. Der Harz wird von allen Parteien geschröpft und geplündert. Ein Großteil der Bevölkerung flieht in die Harzer Berge.

1775
Gründung der Berg- und Forstakademie in Clausthal-Zellerfeld, aus der die heutige Technische Universität hervorgegangen ist.

1777
Goethe besteigt den Brocken und verlegt im »Faust« die Walpurgisnacht vom Thaler Hexentanzplatz dorthin. Auch andere Dichter wie Novalis, Joseph von Eichendorff, Wilhelm Raabe, Hans-Christian Andersen, Heinrich Heine und der Maler Caspar David Friedrich besuchen bis Mitte des 19. Jh. den Harz und lassen ihn Eingang in ihre Kunst finden. Am bekanntesten wird Heinrich Heines »Harzreise«.

1803
Der Harz wird von Napoleons Truppen besetzt.

1843
Der Bau der Harzer Eisenbahn beginnt.

1849
Mit der Aufnahme des Badebetriebs in Bad Harzburg beginnt die Ära des Tourismus im Harz, die einhergeht mit dem Niedergang des Bergbaus.

1896
Fertigstellung des nationalen Kyffhäuserdenkmals.

1899
Eröffnung der Harzquerbahn zwischen Wernigerode und Nordhausen.

11.10.1931
Treffen aller nationalistischen Kräfte wie NSDAP, Stahlhelm und Deutschnationaler in Bad Harzburg. Sie bilden in Opposition zum bürgerlichen Kabinett Brüning die »Harzburger Front«.

1945
Trennung des Harzes in einen West- und einen Ostteil zwischen britischer und sowjetischer Besatzungszone, später zwischen der Bundesrepublik und DDR.

1952
Der Brocken (auf DDR-Gebiet) wird Sperrzone.

1956
Bau der Okertalsperre, der weitere Sperren folgen. Die Wasserwirtschaft bildet einen erheblichen Teil des Wirtschaftsaufkommens des Harzes.

1961
Der Brockentourismus ist endgültig zu Ende. Selbstschußanlagen werden aufgebaut.

1989
Der Brocken wird noch vor der deutschen Wiedervereinigung Nationalpark, ein Volksmarsch am 3.12. führt zur Öffnung der Bergkuppe.

1990
Durch die Vereinigung von Westdeutschland und Ostdeutschland ist auch die Trennung des Harzes aufgehoben. Der Brocken ist wieder der Öffentlichkeit zugänglich.

1992
Goslar wird von der Unesco in die Liste des »Kultur- und Naturerbes der Menschheit« aufgenommen.

1993
Stolberg wird »Historische Europastadt«.
Im September feiert Quedlinburg die Rückkehr des Domschatzes, der 1945 von einem texanischen Soldaten gestohlen worden war.

Live dabei!

Das heißt: immer dort sein, wo das Leben pulsiert! An den besten Stränden, in den neuesten Boutiquen, in den schönsten Hotels, in den tollsten Restaurants, auf den buntesten Märkten, vor den faszinierendsten Sehenswürdigkeiten. Mit Merian live! Dem neuen Reise(ver)führer. Von GU. Da steckt alles drin, was den Urlaub zum Erlebnis macht.

Je Band:
12,80 DM / 100,– öS / 13,80 sfr.

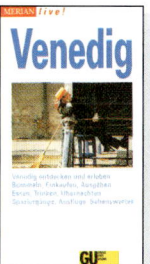

WICHTIGE INFORMATIONEN

An unsere Leserinnen und Leser:

Wir freuen uns, Ihre Meinung zu diesem Reiseführer zu erfahren. Bitte schreiben Sie uns, wenn Sie Berichtigungen und Ergänzungsvorschläge haben oder wenn Ihnen etwas besonders gut gefällt:

Gräfe und Unzer Verlag
Reiseredaktion
Stichwort: MERIAN live!
Postfach 40 07 09
Isabellastraße 32
80707 München

Lektorat: Leo Strohm
Bildredaktion: Claudia Bruckmann-Bräunig
Kartenredaktion: Dagmar Piontkowski

Gestaltung: Ludwig Kaiser
Umschlagfoto: K. de Cuveland/St. Cyriakus Stiftskirche
Karten: Kartographie Huber
Produktion: Helmut Giersberg
Satz: Grafik Design Studio v. Sohlern
Druck und Bindung: Stürtz AG
ISBN 3–7742–0247–8

Fotos:
D. Blase 33, 49, 78, 95
K. de Cuveland 10, 90/91, 106
edition vasco 13, 18, 93, 97, 111, 115
H. Hartmann 7, 104
IFA-Bilderteam/Comnet, 45;
Eckhardt 4, 57; Gerig 14, 22, 35, 37, 39, 43, 55, 87, 88, 105, 109
Look/Reichelt 9, 24
Silvestris/Becker 102; Cramm 117;
Eckhardt 63; Heine 66; Kirmes 2, 17, 31, 41, 60, 69, 73; Korall 27, 74, 99, 112; Rosing 5, 38, 48, 51, 56, 76/77, 113; Schilgen 26, 62, 65;
Stadler 19, 82, 92, 100, 121

1. Auflage 1994
© 1994 Gräfe und Unzer Verlag GmbH, München

Dieses Buch wurde auf chlorfreiem Papier gedruckt